原生家庭
木馬快篩

三步驟解鎖
並拋棄繼承家族負向印記

李欣頻———著

並修補好所有潛在的坑洞，無論他們當初帶多少問題前來，都會瞬間煙消霧散。

很特別的是，無論是男或女、老或少，無論是負債、疾病、意外、人際與家庭關係破裂……不管哪一類型的問題困擾，都有線索能直指、直接對應到個案本身的原生家庭模組，我只需要在邊諮詢、邊記錄的筆記紙上，直接用紅筆圈出他們**與原生家庭父母相同或雷同**的部分，並指出他們無意識「被繼承」的負向印記，三步驟就找到核心問題並浮出一組**核心木馬方程式**，且能同步歸納出**快速破解法**。

而當他們明白了前因後果，才會恍然大悟自己完美複製了原生家庭的劇本模組：有的是把「強勢的爸爸」複製貼進了男友、老師、先生、老闆、主管或自己身上，有的是把「控制型的媽媽」複製貼到女友、老婆、岳母、婆婆、老闆、主管、老師或自己身上……嚴重時甚至如「家族詛咒」般代代相傳而不自知──所幸他們一眼看到就懂了、醒了，就相當於讓他們倒轉看到最初「被」放地雷的源頭，以及後續不斷重複引發連鎖崩毀的故事情節，而他們瞬間瞥見的清明會加速跳脫輪迴劇本的速度，大量節省四處療癒身心又復發的時間與金錢。就像電影《楚門的世界》（*The Truman Show*）裡，主

角楚門（Truman）一辨認出擬真的布景牆後，就義無反顧地走出去；也像是電影《駭客任務》（The Matrix）裡的尼歐（Neo），醒悟出了母體矩陣（Matrix）之後，就無法假裝若無其事地回去「繼續昏睡」，這種覺醒是不會退轉的。

　　這些個案從受困受苦的劇場劇本裡瞬間跳出來，翻篇、轉變的速度之快，彷彿是水加熱到了沸點之後瞬間變成水蒸氣那樣的質變，也像是一場迅雷不及掩耳的人生量子跳躍，於是我就有了想整理出一本大家都能**快速破解原生家庭枷鎖**的書，也就是這本**《原生家庭木馬快篩：三步驟解鎖並拋棄繼承家族負向印記》**的書寫靈感──過去家人對他們造成的傷害（有些是他們「覺得」自己被傷害，不一定是事實全貌），療癒太慢，遺忘太難，原諒又談何容易？一旦烙印在身心，只會讓他們帶著不信任、自我否定、負罪、愧疚、恐懼、憤怒、仇恨、索求、無力感……繼續創造自己現在及未來身心健康、情感關係、人際生活、金錢財務等方面問題的重蹈覆轍，唯有**三步驟**快速搜出**原生家庭**代代相傳的**核心負向印記**，「瞬間醒來」並勇敢大膽地**拋棄繼承**，**鎖定新的命運版本後**，才能從負向的家族命運劇本中脫困，將這些創傷轉為重生的燃料動能。

只有醒來的人才知道自己沒在夢裡——「瞬間醒來」意味著省下大把「忙著複製原生家庭負向印記，投射問題到身邊的人，衍生出更多問題劇本，然後又忙著解決問題……的惡性循環，永無止境惡夢迴圈」的時間，多出來的時間就可以用來全力發展自己的天賦、天能、天命，無懼且自由地探索並創造自己豐富的人生，而不是把寶貴的生命養分拿來滋養負向木馬雜草。

　　也就是說，只要現在還處於忙、累、不健康、不快樂，目前還把大部分時間拿來努力賺錢、努力尋愛、努力完成一個又一個目標成就，眼前與未來始終像是填不滿的無底洞，永遠有無法滿足的匱乏感、無力感，那鐵定就是還沒拋棄繼承原生家庭的負向印記。

　　一旦清除之後，最明顯的徵兆就是「能做自己想做的事的時間突然變多了，行動力也變強了，情緒地雷變少，頭腦清楚清明，內心寧靜不苦」。

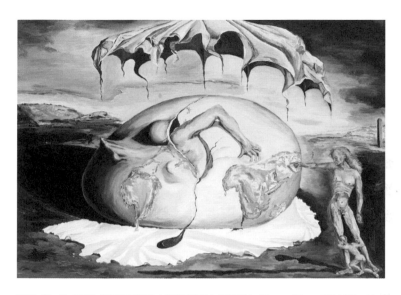

達利（Dali）畫作〈地緣政治的小孩看著新人類誕生〉（Geopoliticus Child Watching the Birth of the New Man），收藏於美國佛羅里達州聖彼德斯堡薩爾瓦多達利博物館（Salvador Dali Museum）。圖片提供：Dreamstime

　　我很喜歡西班牙超現實畫派的畫家達利，他為了斷開父母對他的干預，切掉過去原生家庭對他的限制模組，於是畫了上面這幅類似精神剪臍帶儀式的〈地緣政治的小孩看著新人類誕生〉，彷彿以畫來表達：從現在開始，他就是「卵生達利」。

　　我們也可以借用這樣的概念，想像自己徹底重新誕生，以全新、全淨空無汙染的原廠設定，活出真正屬於

自己的隨心所欲，如此才能升維創造出大無限的自由人
生！

　　　　　　——李欣頻
　　　　　　全書完成於 2022 年 2 月 2 日
　　　　　　黃種子年黃種子波水晶藍鷹日

　　　　　　　　　　　　　　　原生家庭木馬快篩

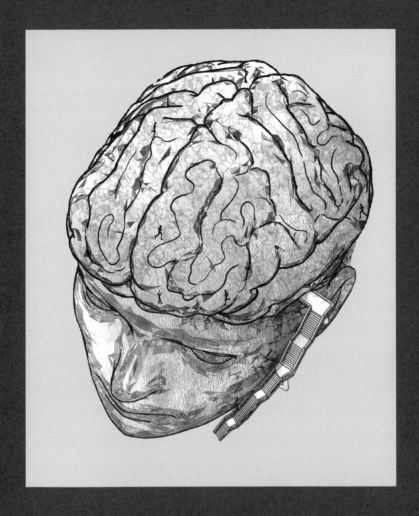

第一章

升維看問題
三步驟之內就能破解
原生家庭負向印記

裡的士兵就出來開啟城門讓外面的軍隊進入，於是希臘軍隊成功拿下特洛伊城，這就是眾所皆知的「木馬屠城記」——整個故事最重要的關鍵就是「特洛伊人**自己把城門打開，親自把木馬迎進城**」，正如同原生家庭自小不斷灌輸給我們的木馬限制性信念，也是我們自己不自覺地**打開了潛意識、無意識的心腦大門將之迎入，繼續在未來的人生起作用**。此外，大家可以上網查「木馬程式」的定義：一種駭客工具，遠端控制電腦軟體，在使用者不知情且沒經過同意的情況下就入侵其電腦，在啟動時就會被竊取、被修改、被控制，甚至被破壞資料，讓使用者沒辦法正常運作電腦。所以，當我們用「人類木馬程式」來比喻**心腦被卡住，只能依照既定程式來反應當下，而無法想到其他可能性**時，想要中止「禍不單行」的木馬迴圈，唯一的辦法就是**快篩並迅速查殺木馬**。如果有人現在還是覺得茫然、力不從心、充滿無力感、沒熱忱、窮忙、疲於奔命、不知為何而忙，為誰而忙、時間不夠用、老是事與願違……那麼可以確定的是已經中了人類木馬程式了。

第一章之二

拉高維度
三步驟破解木馬程式

　　愛因斯坦說:「我們不能在製造問題的同一個層次上解決問題。」就像我們無法在溺水的狀態下把自己拉上岸,所以必須換個維度來看見問題、破解問題。

　　舉一個《丈量世界》(*Measuring the World*)這部電影裡,數學家高斯小時候的故事:高斯念小學時,老師在教完加法後因為想要休息一下,於是給班上的小朋友出了一道要演算很久的數學題:「$1 + 2 + 3 + \cdots\cdots + 98 + 99 + 100 = ?$」,沒想到高斯一下子就算出來了——以這個算式來看,如果一個數字、一個數字慢慢加,不僅耗時,還很容易出錯;但如果從這列數字往後退幾十步,就能全觀到整個數字串的結構,以看頭、看尾的方式,一下子就能看到**頭尾兩數相加**所形成的**對稱**視角:

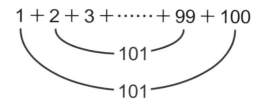

步驟一：1＋100＝101，2＋99＝101
步驟二：整個數列除以二（兩兩一組），100÷2＝50
步驟三：101×50組＝5050

　　於是，本來要加99次的數字，只因高斯把自己**置放在全觀的全新維度**，於是只要**三個步驟**，就能又快又準確地把答案算出來──至少算錯的機率，以及計算所需的時間，遠遠低於一個數字一個數字慢慢相加。

　　如果把上述算式平移做為「**原生家庭負向木馬印記三步驟破解法**」，那就是：

1・**頭尾相連**：把目前**當下**發生的問題，與最初在**原生家庭**發生的同類型**初始事件**相比對。

2・**頭尾第二數相連**：把目前**當下之前**發生過的同類型問題，與在原生家庭發生**初始事件之後**的同類事件相比對。

3・找到共同點：找到共同一致的情緒頻率／模組／慣性反應／行為，寫出內建的程式設定，並找出「抓著這個木馬程式不放」的好處是什麼。比方：

被漠視逼我們要自強

被拋棄讓我們要自愛

挫折教會我們更謙卑

失去讓我們更加珍惜

我們能弱就能更強大

舉我學生A的實例：

A目前在工作上有個困擾，就是她的**頂頭主管**與她**屬下同事**不合，她經常夾在中間忙著協調雙方的紛爭，自己的事反而沒時間做。

以下示範如何三步驟破解她的原生家庭負向木馬印記。

三步驟破解木馬程式

1・頭尾相連

把目前**當下**發生的問題，與最初在**原生家庭**發生的同類型**初始事件**相比對：

→**當下**：工作上主管與屬下同事不合。

→**原生家庭**：身為長女的Ａ，小時候經常夾在父母與弟妹之間擔任協調衝突的角色。

2 · 頭尾第二數相連

把目前**當下之前**發生過的同類型問題，與在原生家庭發生**初始事件之後**的同類事件相比對：

→ **當下之前，發生過的類似事件**：在婚姻中，經常夾在老公與孩子，或是老公與公婆的衝突之間成為緩頰者。

→ **原生家庭事件之後**：求學時期身為班長，經常要在老師與同學之間擔任布達任務、維持秩序及協調的人。

3 · 找到共同點

找到**共同一致**的情緒頻率／模組／慣性反應／行為，寫出內建的程式設定，並找出「抓著這個木馬程式設定」不放的好處：

→ **共同點**：身為上、下關係之間的協調者。

→ **抓著這個木馬程式不放的好處**：能同時被兩邊的人重視與需要，自己則可透過一次又一次擔任「協調者」，得到「被需要」的感覺與價值感。

解方

如果當事人A自己認知到，無論在哪一種人際處境中，每次都要當「協調者」真的很累，但同時又覺察到

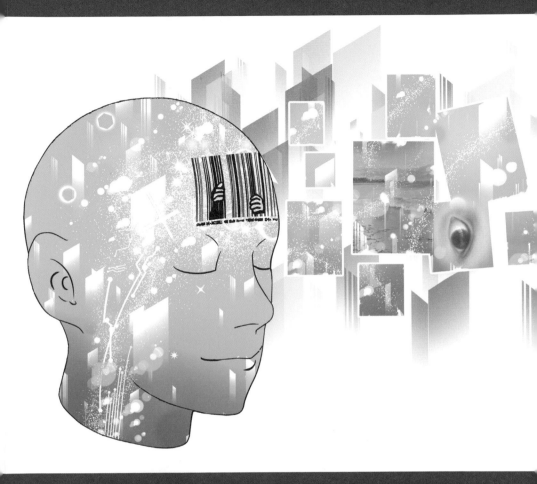

第二章

三步驟破解
原生家庭負向印記的主要路徑：
從三代家族史破解

我們在第一篇提到如何將視角升維：加上更長的時間軸、角色群更廣大的空間軸，把看似複雜的原生家庭問題，以三步驟找到共同重複點，進而讓被印記在心腦裡的主要木馬程式浮現出來。一旦當事人看見了這個程式，就像看到 X 光片裡持續讓他不舒服的腫塊，當他知道了病灶，就可以自行決定是否移除，也能從「莫名」「無明」的狀態中醒過來，進而採取準確的行動改善方針。

　　如果將「原生家庭負向木馬印記三步驟破解法」比喻成 X 光片，那麼「三代家族史破解源頭木馬法」，就能依照所列寫出來的精細程度，而有超音波或核磁共振之別，可以把潛藏在深處極小但還沒變大的病灶，精密地掃讀（毒）出來。也就是說，想要徹底「拋棄繼承」原生家庭的負向印記，絕對不是外在行為上與原生家庭少連絡或斷絕關係，而是要在精神層面上充分理解「這些印記」是怎麼形成的。因為根據量子糾纏的概念，就算你搬到火星，還是會跟原生家庭產生精神上的糾纏態，意味著你現在與未來的自我認同、伴侶關係、人際關係、金錢關係、工作事業、身心健康狀態等等還是會繼續受到影響。所以，只要弄清楚自己「三代家族史」的來龍去脈，就能精準地對治、蛻轉、汰換掉這些負向印記。

第二章之一
三代家族史破解源頭木馬法操作步驟

接下來，我將詳細講解「三代家族史破解源頭木馬法」的三個操作步驟。

步驟解析

步驟一：將自己設定成記者、傳記作者、紀錄片導演或偵探，完成三代家族史的攝寫

如果不知道自己的家族發生過什麼，就很難比對出「相似雷同處」，自然就不知道自己繼承了什麼「負向木馬基因」。所以，第一個步驟就是把自己設定成**記者、傳記作者或紀錄片導演**，甚至是**偵探**，盡可能搜尋自己的**家族簡史**並寫述完整。搜訪對象包括爸爸、媽媽、爺爺、奶奶、外公、外婆等，若還知道姑伯姨舅、表兄弟

姊妹、堂兄弟姊妹等旁系家族的狀況更好，但要特別記下自己與家族成員的**特殊事件**並沿線追蹤細節，如領養、墮胎、難產、自殺、意外、疾病（哪一種）、分居或離婚（什麼原因）、財務重要事件（如賭博、負債、破產、公司上市）等，若能找到離奇或神奇的戲劇性故事更好。

在採寫的過程中，可以先不必預設主題，但要盡可能詳細，聽到什麼就記錄什麼，並要像偵探似地抽絲剝繭，**一旦嗅聞到重要線索就緊追不放**。如果有些家族成員已經過世，也可以詢問其他家人來補述他／她的生平。最重要的是別漏掉**自己的成長史**，包括從出生到現在，你記得的每一件重要大事，特別是**引發你極大情緒**的部分都要寫下來，最好還要**透過訪談家人、親友往前回溯到自己出生前**，包括：當時母親與父親之間的感情如何？父母是否有過想要墮胎的想法？小時候的你主要是由誰帶大的？你是獨生子女還是有兄弟姊妹？如果有兄弟姊妹，父母或養大你的人是否有比較偏愛誰？每一個故事細節都不要放過，因為這些會是接下來為自己拼回「**木馬基因族譜**」的重要線索。

舉一部二〇二〇年出品的紀錄長片《羅塞里尼家族絮語》（*The Rossellinis*）為例——這部片是義大利知名

導演羅貝托・羅塞里尼（Roberto Rossellini）長孫亞歷山卓執導的。他是一名攝影師，因父母離異，自小由奶奶（羅塞里尼的第一任妻子）一手帶大，成長過程中始終背負著爺爺在影壇上的盛名與花名（與瑞典國寶級影后英格麗・褒曼私奔，之後還有第三任印度妻子）。亞歷山卓成年後惹的麻煩事不斷，除了吸毒，還詐騙爺爺第二任妻子的女兒——知名演員伊莎貝拉・羅塞里尼（可以理解為亞歷山卓對家族優秀成員，以索求金錢來平衡自己內在的不平衡）。後來亞歷山卓決定拍紀錄片，透過深度訪談爺爺三段婚姻所生的子女，探索家族成員間彼此的看法。他想知道這些同父異母的兄弟姊妹間是否都有「羅塞里尼症候群」，也就是名人後代可能會「被」造成的負向印記與問題。於是他透過採訪才知道，原來優秀如伊莎貝拉・羅塞里尼也活在母親英格麗・褒曼的盛名之下非常不快樂，而雙胞胎妹妹與她也有「比較」的心結；還有，爺爺第三任印度妻子與前夫所生的兒子，在冠了羅塞里尼的姓氏後，自我認同出了問題，後來自殺了結生命……當亞歷山卓看到自己與家族成員「感覺的共同點」或「行為相同、相反點」時，他的「家族木馬族譜」就一目瞭然。

這部紀錄長片構築出來的「名人之後」木馬模組，

可以解釋為何名人後代（星二代、官二代、富二代等）在他們的盛名之下，要麼極乖、極優秀，要麼就是從小叛逆不斷惹事，或是在極優秀之後突然轉成叛逆，以脫離名人模範的偶像包袱與枷鎖，其核心程式就是：**在家族盛名**（彷彿陽光照到大樹，活在其背面的陰影）**下，如何找到自己的定位。**

以這部片反觀我們，如果感覺自己再怎麼努力，始終得不到父母的關愛與肯定，總是被要求還可以更好，或是無論自己再怎麼優秀、獲得多少榮耀，還是得不到父母給兄弟姊妹的那種疼愛，那麼在挫敗無力後，我們可能會在潛意識或無意識層面上，以不斷惹事闖禍來得到關注。如果早點從木馬模組中醒過來，就不需要因為跟爸媽賭氣，而把自己的寶貴人生也賭輸掉。

再舉一部二〇二二年的電影《Gucci：豪門謀殺案》（*House of Gucci*）為例。這部片描述的是義大利時尚名牌Gucci家族帝國的第三代繼承人莫里吉奧・古馳（Maurizio Gucci），被妻子派翠西亞・雷吉亞尼（Patrizia Reggiani）買凶謀殺的真實故事，可以對照Discovery頻道的紀錄片《古馳夫人：黑寡婦派翠西亞》來看——這是「互為對應，看似互補，一旦轉成負向就變成對衝相殺」的兩組木馬基因族譜共演的悲劇：

派翠西亞‧雷吉亞尼的母親年輕時嫁給運輸商佛南多‧雷吉亞尼（Fernando Reggiani），他們從小灌輸女兒**金錢至上**，長大後一定要**嫁入豪門**才能躋身上流社會的觀念，並且對這個獨生女有求必應，所以派翠西亞‧雷吉亞尼就被原生家庭種下了「找上流社會金龜婿，人生就圓滿」的印記。她的名言就是：「我寧願坐在勞斯萊斯汽車裡大哭，也不願坐在腳踏車上大笑。」（I'd rather cry in a Rolls-Royce than be happy on a bicycle.）

　　後來她在一次社交派對上認識了莫里吉奧‧古馳，兩人相戀。但莫里吉奧的父親魯道夫（Rodolfo Gucci）非常反對，認為兩人門不當戶不對，於是威脅兒子：如果堅持要與派翠西亞結婚，他就會被Gucci家族除名。而莫里吉奧終於有了可以「反叛家人做自己」的機會。

　　一九七二年，莫里吉奧與派翠西亞結婚，在女方父母大力支持下舉辦盛大婚禮。幾年後，因魯道夫身體不佳，加上魯道夫的弟弟努力促成父子和解，莫里吉奧終於回歸Gucci家族。

　　派翠西亞的木馬信念是「**掌握有錢老公的家族企業，就可以無憂奢華生活一輩子**」，莫里吉奧的木馬信念則是「**反叛權威控制，才有自己的存在價值**」，所以他逆父命與門不當戶不對的派翠西亞結婚來逃離家族，後來

再以外遇出軌、賣掉股份來**反叛**強勢介入家族企業經營的妻子……「反叛」是他脫困找尋自身定位的手段，他沒有習得其他方法來應對，這就是原生家庭負向印記造成負向反應模組的結果，剛好也對應到派翠西亞「**女人的價值建立在老公的名利地位，而這源於『害怕失去』的不安全感造成的控制模組**」，於是她抓得越緊，莫里吉奧就逃得越遠。當她得知莫里吉奧要另娶別人，她頂著「古馳夫人」名號的生命地基即將瞬間崩塌，於是她一心想把丈夫除掉，至少還可保有「古馳夫人」的頭銜。這就是**不安全感的控制模組**繼續衍生出最極端悲劇的結果：**為了保住頭銜，不惜殺了自己仍深愛的老公**。派翠西亞將頭銜地位看得比命、比愛更重要（她在出庭時，還堅持要法官稱她古馳夫人），對應到莫里吉奧視自己的自由比家庭責任更重要，就剛好對撞出這個驚天動地的家族悲劇。

　　全球火紅的影集《魷魚遊戲》裡也有一個關於「不信任自己所造成的不安全感」的木馬金句：「人**不是**因為別人值得相信才相信，是因為如果不相信，自己就會**無依無靠**。」打開這句木馬方程式的光譜就是：不相信自己可以獨立生存→必須依賴**更強**的人，否則無法生存→所以只好假裝／強迫自己相信更強的人→自己才不會

無依無靠。而「不相信自己，盲目依賴更強的人」，就是產生後續一連串人際關係中「生存利害」劇情的木馬運作器。

　　所以，看電影、影集、紀錄片、傳記、新聞人物的深度報導等，也是側覽其中主角「原生家庭印記」最好的練習。重點不在於到底發生了什麼，而是我們感覺到了什麼情緒、不假思索出現什麼言語行為，從這些表徵去往內源搜查出操控我們反應的木馬程式，特別是透過那些「會勾起陳年創傷經驗」新聞的即時演變與戲劇性進展，彷彿同時觀看自己的紀錄片，並同步清創療癒──我們可以邊看邊思考：從哪些言行就可以提早覺察到對方的木馬地雷？如何躲開或拆彈，才不會觸雷受傷，甚至身亡？

　　此外，也可以去找第九十屆奧斯卡金像獎最佳紀錄短片《天堂在405號公路塞車》（*Heaven Is a Traffic Jam on the 405*）。導演法蘭克‧史提弗爾（Frank Stiefel）對藝術家明迪‧艾波（Mindy Alper）超過二十小時的訪談，讓我們知道她原生家庭對她的暴力、冷漠，造成她的焦慮症、憂鬱症、皮膚病等各種身心疾病。後來她在藝術創作中找到自己生命出口的過程，可做為「蛻變原生家庭負向印記」的經典教材。

如果想看時間斷面更長、有大規模多人「原生家庭印記」的影片，那麼英國BBC電視臺從一九六四年開始拍攝的系列紀錄片《7 Up》就是最好的練習教材：這個系列的主角是來自英國不同階層的十四名七歲小孩，每隔七年跟蹤採訪一次，記錄他們的人生軌跡，目前已經更新到《63 Up》。這也是以跨越三代的時間軸，一覽每個主角最早被原生家庭印記了什麼樣的信念，之後如何在他們的人格、價值觀、求學、工作、關係、健康等方面產生哪些根深柢固的影響。建議可以從《7 Up》開始，邊看邊把重要的關鍵點記下來，每看完七年就預測一下：如果沒「拋棄繼承」原生家庭的負向印記，下一個七年，以及接下來的人生，主角會在自我認同、學業、工作、關係、金錢、健康等方面產生哪些**信念及選擇的傾向**，以及**可能產生的問題**，然後在下一個七年的影片中驗證。

同時，也能透過時間軸的推演，看到當**人生的轉折點**來臨時，這個人是照**原生家庭刻板印記**去做選擇，還是他在哪個關鍵點醒來，決定**突破**並**拋棄**這些負向印記，做出全新的、**突變式**的決定與行動。如同生物界的「突變」現象，一旦周遭發生劇變導致保持原狀態可能無法繼續生存，突變才能適應新的環境變化，這也是物

種再造以達到進化與綿延的目的。

　　所以，完成三代家族史
的譜寫，就相當於把牽動自
己「如傀儡般身不由己」的
命運之線，一條一條抽絲剝
繭地拉出來，如此才知道哪
幾條勒得自己快窒息的線可
以斷然剪掉，哪幾條可串起
編成一條藝術創作的彩帶，

或是自己可自由揮灑的布紙空間。或者，我們也可以這
樣解釋：當人生遇到困頓、挫敗，沮喪到低潮低谷，快
活不下去時，只要一看到烙印在生命史上沉重的「負向
木馬」家徽，就是當下**覺醒**與**突變**最好的時刻。

　　換個角度來看，通常父母會幫我們活出「我們不想
要」的版本，等於替我們先試錯，所以「拋棄繼承原生
家庭負向印記」最重要的意義在於：不再把原生家庭代
代相傳的負面信念，繼續無意識地烙印在下一代身上成
為桎梏，甚至吸引其他有同類木馬問題的人串連、共振
出更多家庭問題、工作職場問題、社會問題──當我們
是「第一代」看清自己家族負向印記劇本的「**拋棄繼承
者**」，就能瞬間化家族負向詛咒為新生的**祝福力量**。

步驟二：跳出家族角色
升維成「靈魂程式維修工程師」

　　完成三代家族史的譜寫之後，接著就要跳出原家族裡的角色，想像自己是一名「**人類靈魂程式建構師兼維修工程師**」，這有助於我們快速跳出家族故事劇本的矩陣，旁觀者清就能一目瞭然問題的癥結。就像是從人造衛星的角度俯瞰地球城市街道，一眼就可以看到交通打結的地方，才能高效排除動彈不得的大塞車。

　　當「高維的上帝視角」設定好之後，請拿起這份三代家族史，用一枝紅筆，以你為主角軸心，往上、

往下、往旁邊圈勾出**三代**與**你**的**共同點**（可以是行為模式、信念、情緒頻率、疾病、意外、重大事件等）。比方你若很愛亂花錢，就往上兩代看一下：這個行為可能是源自誰的信念印記？然後就像**基因剪輯**一樣，把不想再重複經歷的負向模組剪掉。

舉一個我在二〇二一年夏天巡講時遇到的特殊案例：學生Ｂ，女生，她說自己是個總是入不敷出的「月光族」，但她的父母都沒有財務問題，收入豐厚，又會理財，不會亂花錢，也沒有負債，為何她會亂花錢，甚至到了要付卡債利息的地步？

我問她：「妳以前想買什麼東西會經常被父母拒絕？」她說：「玩偶，因為爸媽覺得玩偶對學業沒什麼用處，但他們對我的教育、補習都是很捨得花錢的……」於是她長大之後賺的錢，都被自己「衝動消費」買了各式各樣的玩偶，以填補童年時間都拿來念書，只為了符合父母期待，以及要不到玩偶而造成**沒有童年**的缺憾——其實Ｂ不是繼承父母的金錢行為，而是被父母看似正面的**金錢價值觀**烙印出**負向信念**：「**錢是有限的，自己想要的都得不到。**」等到她長大可以賺錢、經濟自主時，潛意識或無意識會拿錢來「報復式」消費，無論賺多少都會把錢花光；等到沒錢了，無法繼

　　　　　　　原生家庭木馬快篩

續買自己想要的玩偶，嚴重時還會刷爆信用卡，或是借小額信貸來繼續花，導致循環利息負債，沒法再隨心所欲地買玩偶後，終於達成她潛意識設定的木馬信念：「錢是有限的，自己想要的都得不到。」而且木馬程式就錯在她認為「**愛＝玩偶**」，得不到她想要的「愛」（＝玩偶），就把錢**無意識**地花在買各式各樣的玩偶，以填補愛的空缺。我們看到許多人長大了還在排隊買玩偶、公仔、玩具、電玩遊戲，或是寵孫的爺爺奶奶、溺愛子女的爸爸媽媽漏夜排隊，只為了搶到**限量**的玩偶、玩具、潮鞋給孩孫，讓他們崇拜或依賴自己的「有能力、有辦法」，產生「沒我們就不行」的印記，總是以「這個交給我」來刷存在感，這樣的狀況很容易被人無底限地濫用，最後會讓自己過勞，忙累到不行，做不到時會愧疚自己無法履約、自責能力不足，其實內心「我們沒孩孫就不行」的焦慮，很容易退回到「低價值感、低自尊」水位……這就是「**愛＝物**」的木馬印記造成的諸多後遺症之一，也是所謂「金錢木馬破口／漏財」形成的程式之一。

還有另一個同類型的案例：很多父母會以「如果你不乖乖聽（我的）話，下個禮拜的零用錢、你的耶誕禮物、要給你的家族財產……就沒了」，用錢與物質

來控制孩子必須符合自己的期望；有些控制欲比較嚴重的父母還會有「**朕沒給你的，你不能要**」模組，就是如果孩子（或其他人）**主動**向他要東西、資源、金錢、權位等，他就會**異常暴怒**──這句話出自電影《滿城盡帶黃金甲》，劇中皇帝對兒子說：「天地萬物，朕賜給你，才是你的；朕不給的，你不能搶！」這種**權威型人格**要的是「**由我決定給不給**」的權力，所以對方不能有「主動」要或搶的越權行為，包括孩子要做什麼人生重大決定也必須向他稟告，經過他的「批准」，這在許多豪門家族故事裡很常見。孩子從小被教導「金錢無所不能」，或是以金錢利誘，鼓勵上進達標，倘若這個金錢木馬程式不清除，將來小孩長大、努力賺錢後，就以為自己可以為所欲為，有指使別人的權力，因為他也是這樣被指使長大的。

　　當你以客觀的角度一覽自己寫出來的三代家族史，就會恍然大悟自己中了哪些家族木馬；如果還能推演出家族其他成員、身邊親友、工作夥伴、電影中的角色或新聞人物的木馬程式，那麼就會越練越熟練，因為「人類木馬程式」其實就是這幾種模組一再重複，從古至今、從自家到全世界，都只在這些木馬矩陣中流轉著同類型的情節故事而已。

步驟三：根據圈勾出來的關鍵字
歸納出一組方程式

　　我們剛剛透過電影《Gucci：豪門謀殺案》男女主角原生家庭，示範如何搜寫出「核心木馬」方程式。當方程式一寫出來，就能準確預測「在模組不變的情況下」可能會發生的事，有助於及早趨吉避凶、變換車道。

　　舉好友A的例子。

　　她的主要問題：先生得了淋巴癌

　　我請她將夫妻雙方的原生家庭簡史列出來，如下。

　　她的父親：公務員，已退休，之前與人有過土地糾
　　　　　　　紛，有攝護腺癌，做過放療與手術。

　　她的母親：在公家機關工作，掌管家中財務，個性
　　　　　　　比A的父親強勢，經常會嚴管老公與小
　　　　　　　孩、抱怨婆婆。目前有自律神經失調、
　　　　　　　失眠、高血壓、呼吸困難、鉀離子偏低
　　　　　　　的狀況。

　　公公：運輸業，直腸癌，已過世。

　　婆婆：買房子、收房租、掌管家中財務，個性比A
　　　　　的公公強勢。

　　A：老師。因牙痛導致左臉腫，眼睛與肩頸也不

舒服、神經衰弱、焦慮。經常埋怨老公的生活習慣，很愛管老公、碎念老公，有時也會「指正」同事，亦經常抱怨婆婆。

A的先生：之前協助家裡工作，後來因病無法工作。淋巴癌、憂鬱症。

- **雙方原生家庭**：女強男弱，到了A夫妻這一代也同樣繼承這模組。這裡提到的**女強男弱**指的不是經濟上，而是個性的強勢，男方被碎念久了，長期隱忍壓抑，覺得自己無能為力的負面情緒毒素無法排出去，所以公公、父親、先生都有癌症；女方則有批評、糾正伴侶，以及抱怨婆婆的共同點。於是就成了：

「**女：強勢→神經衰弱**」vs「**男：隱忍→癌症**」
繼承雙方原生家庭兩代二合一木馬模組

- **我建議A的解法**：因為她小時候經常**被糾正**，長大後就轉為「糾正」別人來拿回權力。我請她不要以母親管她、管爸爸的方式來管老公，必須中止以**老師**的「揪錯」模組，繼續糾正他生活的大小事，否則他一直在接收她的負向批評能量，久

了也就開始攻擊自己（淋巴癌）。

而A牙臉腫難言語，也剛好讓她檢查一下：自己是否該**停下所有的批評與抱怨**→移除來自原生家庭「看不慣、老糾正」的負向印記，以當初愛先生本貌的狀態，重新校準兩人的關係。我也建議她在跟先生說話時要看著對方的眼睛，**帶著愛的頻率交流**，而不是「**老師式的糾正管束**」，最好能向先生真心道歉：「我以後不會再以『揪錯』的方式溝通，萬一我不小心又回到舊模組，請你一定要提醒我，我們倆不需要再透過『相愛相殺』來引動疾病課題。」只要化抱怨為感恩、珍惜，就有機會隨時終止這個迴圈，重新淨空，恢復愛與信任的原廠設定，這樣就能省下創造問題、解決問題的時間與金錢。

- **延伸木馬**：這種「揪錯／糾正」木馬模組，經常會衍生成「正義魔人」，容易被打著正義旗幟者利用**憤怒**這個弱點來煽動，不自覺地變成「烏合之眾」——這與真心出來伸張正義、為弱勢發聲者不同之處在於：前者是堅信自己百分百是對的，不容被質疑與挑戰，對所堅持的信念絲毫不

肯讓步，不肯聽也不容許有不同的意見，目的是
消除異己、爭贏必勝；後者則是為被打壓的沉默
弱勢發聲，理性且願意聽各方不同的意見，目的
在於溝通並消除歧見後把問題解決、達成平衡。

- **幕後花絮**：我們是在一家咖啡廳進行訪談，老闆
娘送來甜點與茶之後約二十多分鐘，看我們還沒
吃，就過來「超詳細指導」我們該怎麼吃，時間
點恰巧就是我們在談「糾正」模組的時候，於是
我和A心照不宣相視而笑……一旦覺察到**核心木
馬**模組，我們就無法再回到「假裝」沒看到的狀
態繼續昏睡、繼續演。

- **逆轉抱怨木馬**：「抱怨木馬」是人際關係最大的
殺手之一，因為他們會四處挑刺、挑毛病、找麻
煩，潛意識會創造許多讓周圍的人「得跟他道
歉」的大小意外事件，藉著「對方向他低頭賠不
是」來得到高人一等的存在感，我稱之為「**得理
不饒人**」模組，這些人通常不會快樂，因為當四
下無人時，只能找自己麻煩；而且這模組經常與
「**負罪自責**」模組配對，不斷共演各種顛倒夢想的

劇碼，耗盡彼此的生命能量。

	「得理不饒人」模組	「負罪自責」模組
口頭禪	都是你的錯（抱怨）	都是我的錯（自責）
角色設定	以為自己是被害者的加害者 永遠都能找到怪罪他人的理由	以為自己是加害者的被害者 永遠都能找到怪罪自己的理由
解方	**這不完全是對方的錯** 我也有相對的責任	**這不是我的錯** 我不需要把**對方的錯**誤植給自己
參考電影	《美國X檔案》 （*American History X*）	《在車上》 （*Drive My Car*）

只要其中一個角色從劇夢中醒來，權力博奕戰的心理戲就結束了。

　　抱怨與**感謝**是兩種截然不同的頻率。經常以**抱怨**應對眼前的人事物來得到關注（也可以說是潛意識在求救，但藏在自尊面子之下），日久成習慣之後，就以為這是「爭取自己存在價值感」的唯一方法——我們可以換位思考一下：如果眼前有兩個朋友，一個是**感恩型**，另一個是**抱怨型**，你會想跟哪一型的朋友親近？你會想

把機會給哪位？這樣你就知道哪一型的人會越活越窄。或許**抱怨型**的人透過據理力爭，得到眼前的**立即被關注與一時利益**，但同時也斷送了未來所有潛在的機會，可說是吃了無限暗虧而不自知——我們可以帶著「理解與寬容」的正向頻率，對需要改進的人事物提出良善的建議，而非攜帶著「老是怨天尤人」的臉色情緒，創造大家都想躲離的能量場。

此外，我們在抱怨的人事物，或許是有些人正羨慕我們的地方。如果你真的不知道自己在抱怨的有哪些值得被羨慕，可以問身邊的人，或是在自媒體朋友圈問大家，讓羨慕你的人告訴你為什麼，而這些都是你「感恩」的盲點。舉例來說，有人在抱怨自己有個很愛管事的媽媽，另一個已失去母親的人正羨慕有媽媽可管她，以此類推。

所謂**升維**是少言多自省，不抱怨、不指責、不批判，盡量大事化小，小事化無，船過水無痕；**降維**則是無中生有、小題大作、唯恐天下不亂。而讓自己活出高維智慧版本的方式是：在講話、行動之前，先在腦中想一下，這句話、這個行為，對方聽到或感受到後會有什麼樣的頻率？這頻率是**愛**還是**恐懼**？是**好**還是**不好**？然後你再調整成正向、好的、有愛的話語與行為，千萬不

要說出狠毒或傷人的話，也不要去八卦或攻擊別人，更不要無意識地說是非、生事端。只要每一次都是以**最高智慧**來思、**言**、**行**，就可以省掉無數次後悔、道歉、收拾殘局後果的時間。之後若發現自己又在抱怨，可以這樣立即轉念：**找出當下值得感謝的十件事**。

想要**高速升維**、**加速蛻變**其實不難，只要把心態從恐慌、沮喪、焦慮、抱怨、絕望、不甘心、憂鬱、指責、批判的風暴中抽離出來，先深呼吸保持穩定，調頻轉為正向積極的「愛」的頻率，就能瞬間清除眼前的情緒地雷，並把腦袋裡「比較與批判」的反應模組，改成全然用心投入、直觀後欣賞，才能真正看到每個人都很獨特，自己也是如此與眾不同，百花齊放比有標準的世界精彩。這就是智慧版的你當下可以完成的部分，也是最快、最有效的**升維法**，確保你都在創造好的命運漣漪。

「三代家族史破解源頭木馬法」
側翼游擊補漏問題單

以下九個問題，是在完成並破解**三代家族史**源頭木馬後，還可以延伸出來做為游擊「漏網次要木馬」的問題單，大家可以繼續一網打盡、補強式地破解。

1. 把從出生到現在，你記得的每一個重要轉折點、抉擇點都寫下來。

2. 試想一下，如果當初在每一個轉折點、抉擇點，做了不一樣的選擇或決定，會有什麼與現在不一樣的路徑、版本、結果？

3. 列出所有你此生最遺憾或懊悔的事，然後想一下，如果當初在哪一個環節你做了什麼改變或修正，現在會有怎樣的不同？

4. 回顧你前半生的大事記，想一下，如果重新經驗一次，你會在哪些環節做怎樣的改變？

5. 如果穿越回到過去，你想在哪些關鍵時間點給自己怎樣的建議？

6. 如果真的有一個五年後的自己穿越過來，你覺得他／她會給你怎樣的建議？

7. 寫出你目前最想要完成的十個願望。

8. 寫一句話來總結你的前半生，並寫出你經常掛在嘴邊，或是寫在臉書、Line、IG、微博、微信上的一句話。

9. 回顧三代家族史之後，想一下，如果你置身每一位家族成員的角色中，重新經驗每次重大事件的時刻，你會在哪些環節做怎樣的改變？

原生家庭木馬快篩

完成這九題之後，可以看一下我的簡單分析：

- **題1～6**：讓你以「已是過來人」的高維角度，幫自己修改過去的反應模組。

- **題7**：讓你檢查一下，自己在未來是否還會投射出未清理的「木馬」。
  比方，最想要完成的願望：買跑車或豪宅。
  →是否想要以炫富的方式，來證明自己是成功的？
  如果完成了這個願望，你想要讓原生家庭裡的誰知道？
  你期待他／她會有什麼反應？
  你是否還需要得到他／她的肯定與讚許？
  你要花多少未來的時間在滿足、符合他／她的期待？
  →這就是目前還牽制你的原生家庭負向印記。

- **題8**：寫出總結自己前半生的一句話，看似是結論，殊不知這極有可能就是你**潛意識的預設**。你會想要怎麼改設定？

我們可以透過「逆轉反應法」，把不想要的部分**逆轉**就行了。比方，有人說自己的人生總是遇人不淑、識人不善，那麼就分析：過去**為何總被這樣的人吸引**？自己是否也想從對方身上得到什麼、索求什麼？如果勇敢自省，把**掌握命運方向盤的責任**拿回自己身上，我們就能百分百逆轉自己未來的命運。

舉例：有人總結自己前半生的一句話是「**我的人生充滿奇蹟**」，這句話的**前提**是「我的人生充滿各種災難、困難、挑戰、危機」，所以才會有奇蹟出現，這等於是自己在潛意識或無意識中就設定了這樣的劇情模組。

舉例：有人總結自己前半生的一句話、座右銘是「**一定有辦法**」，這句話看似非常正面，在遇到困難時讓人不至於沮喪、停滯不前，鼓勵自己或他人積極地想方設法突破困境，殊不知潛意識或無意識已經給自己設定了「**眼前必有困難→未來必有方法**」的方程式，於是人生總會莫名其妙出現各式各樣的大小問題，人生變成一場闖關遊戲。如果能知道這些用來創造問題、解決

原生家庭木馬快篩

問題的時間，其實可以移來做很多創造、
創作、創業、志業，就不會原地鬼打牆。
就像被蒙住眼睛拉碾子轉圈的驢子，如果
拆掉眼罩讓牠奔跑在偌大的草原上，或許
牠再也不想待在原地無聊地轉碾子了。

舉例：電影《少年的你》中有一句男孩對女孩說
的經典對白：「**你保護世界，我保護你。**」
這句話的前提就是「**這個世界充滿危險，
處處都會遇到欺負我們的人**」，有了這樣
的預設，會讓人隨時處在「警備」狀態，

即使遇到好人、善人想幫忙，也很容易被自己當成不友善的入侵者將之推開，於是人生就往「危險、被欺負、被霸凌」的方向創生更多劇情：以「加害者」的粗暴，掩蓋自己原是「受害者」的創傷，或是以「受害者」的可憐姿態，掩蓋原是「加害者」的行為⋯⋯人生大部分時間就會拿來戰鬥、奮鬥，而非創造與拓展，我稱之為「戰士木馬模組」。

戰士木馬模組之將帥型：

這模組有時會出現不少「成功」人士，因為他們很愛**開疆闢土**，如果負向印記不解除，有時會不自覺地以各種詭異的理由，把成功事業全毀掉，如此才有新的復仇戰鬥力去「東山再起，收復失土，重建江山，逆轉勝」，這就是不斷鬼循環的人類木馬程式。紀錄片《殺青啦！唐吉訶德》（*He Dreams of Giants*）就是在描述以《巴西》《未來總動員》等奇幻經典聞名影壇的名導泰瑞・吉蘭（Terry Gilliam），他心中最想拍的是《誰殺了唐吉訶德》，從一九九八年開拍以來歷經荒漠洪水、資方撤資、多次被迫換角等離奇慘劇，他多次「被迫」放棄又

「再繼續」，戲裡戲外完全在上演「**戰士模組之將帥型**」的唐吉訶德**履敗履戰**木馬劇：一如唐吉訶德見到風車就開始瞎戰，直到筋疲力盡才發現戰場裡沒別人，只有好戰的自己。此外，電影《1917》裡也有個「好戰不想停戰」的將軍在打一場荒謬的戰爭，這兩部影片都很值得一看。

戰士木馬模組之忠臣型：

　　有這模組的人，只要他上面有個好戰的領導長官下指令，他就會是個很有目標和行動力的超強戰士；但如果這個下指令的人離開，他就容易陷入茫然無首的慌亂，會想辦法找到**續戰**的理由，有時還會恐嚇、威脅、哀求，不讓這個「不再指揮打仗」的指揮官離開——這指揮官通常是父母、兄姊、上司、伴侶。正因為「戰鬥」是他的生存激情，如果之後沒人對他下戰鬥令，他會在四周投射出一個假想敵，甚至投射出一個更大的戰場，讓自己重新啟動再次戰鬥的生命動能，因為他不戰就會失去生存的動力目標；麻煩的是，他第一個投射出來的敵人，往往就是剛離去的指揮官，或是不再繼續幫忙他的貴人——只要能早點清醒，看破自己**為誰而戰、為何而戰**的假相，放掉戰鬥殺氣，放下屠刀立地成佛，

戰場就會變道場。

- **題9**：以「已是過來人」的高維角度，幫家族三代修改過去的反應模組，讓自己不再重演家族代代相傳、無意識的重蹈覆轍。

以上就是**游擊漏網次要木馬程式的快篩法**，可與找到的**主要核心木馬**合併對照來看，然後設立「自我覺察」系統，每一個念頭都先辨認一下：是否帶有**負向的原生家庭木馬印記**，或者已是清除過濾後純淨、自由、無礙的想法？

「自我覺察」系統最少堅持執行二十一天，如果能堅持三個月以上更好，這樣才能徹底拋棄繼承原生家庭的負向印記。

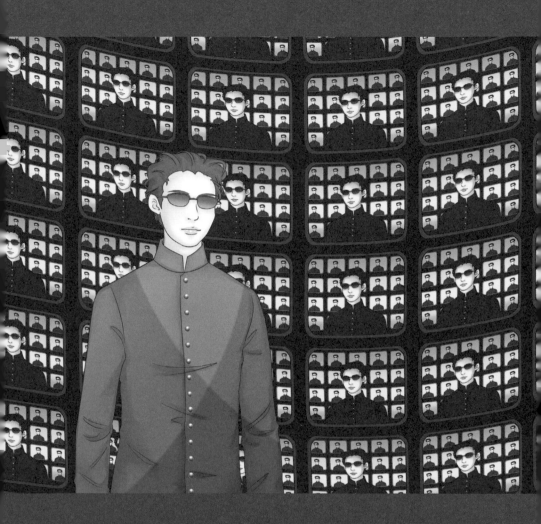

第三章

五大原生家庭木馬程式
案例破解示範

人生經常要面對五大課題：面對自我、面對身邊親近的人與周圍人的關係、天賦藍圖的開展、自己與他人之間的金錢財富狀態，以及身心健康——以上這些已經涵蓋大部分人百分之九十九的課題，如果能找到貫穿命運的負向核心木馬，就能把人生過去、現在和未來的問題一次解決，相當於把一直投射問題的發球機關掉，不必一直被困在追著球打的球場裡出不去。

　　接下來，我將一一示範如何破解這五大類別的人生課題。每個單一問題，都是我將同類型的諸多相似問題整合成一個來做總示範，相關個案資訊也已隱匿。

第三章之一

面對自我：個人自信、自我存在 意義與價值相關案例

　　我首先要講的是「**面對自我：個人自信、自我存在意義與價值**」的案例。如果發現自己有「不自信、覺得自己不夠好／不夠美／不夠優秀／不夠努力、很在意別人的評價或看法、不喜歡被人忽視、很容易陷入比較或

競爭的狀態、怕被拒絕、怕輸」這類型的木馬程式，就是在「**自我**」這個最基本的核心出現了**負向木馬掏空生命地基**的狀況。

　　一旦與自己的關係出現問題，很容易造成人際關係、伴侶關係、工作事業、金錢財務、身心健康等各方面都出現連鎖問題。舉**自我關係影響人際關係**為例：經常愛挑身邊人毛病者，要不就是自我感覺不太好，想要拖別人下水來平衡落差，要不就是想要引起對方關注。如果能清理木馬bug，並校準「自我存在意義、自信、自我價值感」的偏差誤區，那麼其他從「負向自我」投射出來的周圍木馬就可以迎刃而解了——只要我們能完全認可自己，外在的名利或榮華富貴就只是可有可無的錦上添花而已。

父母為孩子烙上的負向印記

嚴重影響孩子的自我價值感

很多人的自信、自我存在意義與價值出了問題，是因為父母一心想打造「完美」的孩子以彌補自己的「不完美」，讓孩子得一路優秀、光明、聽話、善解人意到無法喘息，請問他的陰暗面要躲藏在哪裡？消化不了的、深埋也化不掉的，就會變成隨時引爆傷人傷己的地雷。網路上流傳一篇筆名為堅果寫的文章〈我花了 12 年時間，終於親手毀掉了自己的孩子〉（來源：新東方家庭教育，ID：xdfjtjy），她描述自己在兒子不同年齡段遇到各種狀況時是怎麼反應的，以至於孩子最終有自責、不愛自己、不自信、寡語、膽怯、孤僻、憂鬱、自毀等傾向。

大家可以先在網上看完這篇文章，然後反思一下：如果是自己的孩子，我們該如何反應才不會給他們烙上負向印記，並銬上自我毀滅的枷鎖與炸彈？

我針對這篇文章提及的事件，做成一個簡單的表格，這些幾乎是絕大部分親子都會遇到的狀況。

事件	母親的反應	孩子的反應
孩子想在商店裡買玩具，但家裡已經很多了，孩子賴在店裡抱著玩具不肯放手。	對孩子說：「你再不聽話，我就走了！」	孩子害怕被遺棄，所以放下玩具，哭著追媽媽，要媽媽不要丟下他。

這樣的反應可能會造成孩子哪種負向印記	我的建議
孩子從此不再說出自己真正的需求與想法，總是以母親（權威者，或是他害怕的人、想要討好的人）的期望為主。之後他會是一個乖巧、隨和、不任性、不鬧脾氣、懂得克制自己欲望的好孩子，但久了就不再有自己的聲音，也無法自主為自己做決定，總是要聽從別人或權威的意見，以至於變成茫然空洞的工具人。	與孩子深談，了解：他為何喜歡這個玩具？這玩具能帶給他什麼樣的滿足感？這感覺能否透過親子間的情感交流，或是透過創作來完成，比方玩積木、繪畫、黏土雕塑等？將須**購買**才能擁有的**物欲**轉為無中生有的**創作欲**，這樣也可以讓孩子發揮潛能，建立自己的成就感。

原生家庭木馬快篩

事件	母親的反應	孩子的反應
鄰居家的孩子來家裡玩，結果對方把孩子的玩具搶走了。	孩子哭著要拿回玩具，母親教訓他「要跟朋友分享」。	從此以後，孩子就經常跟別人分享自己的食物與玩具，即使自己還沒吃飽或玩夠。

這樣的反應可能會造成孩子哪種負向印記	我的建議
老師稱讚這孩子懂事，反而更讓他「不再重視自己的需求」，將來長大後他就會習慣把別人放在自己之前，一直犧牲自己、成全他人，直到自己被掏空耗盡、沒有自我為止。	孩子面臨不合理的狀況時，雙方家長必須秉公處理，否則那個搶別人玩具的孩子，將來也會習慣以「搶奪」的方式拿走自己想要的東西，將來很容易觸犯法律。 此外，要教孩子懂得愛自己，勇敢表達自己的真實情緒、感受、意見，勇於拒絕不合理的要求，而不是來者不拒，沒底線地一味退讓妥協，委屈地做「大家眼中的乖孩子」，甚至默許別人傷害自己，最終徹底失去自我，茫然失根，找不到活著的意義而自暴自棄。

事件	母親的反應	孩子的反應
母親覺得鄰居家孩子的成績、表現比自家孩子好（有的家庭是將自家孩子之間互相比較）。	教訓孩子：「你看看你，這個也不如他、那個也不如他……」	孩子可能有兩種極端反應，一種是照著你的設定「越來越糟」，另一種反應則是「非常努力以贏過對方」。

這樣的反應可能會造成孩子哪種負向印記	我的建議
無論是哪種反應，孩子都已經把你的「競技場思維」搬進了自己的腦袋，於是他之後都會以「贏過別人」做為成功標竿，不再探索獨屬於自己的天賦、興趣，變成了在別人的競技場上必勝不敗的好戰戰士。 可能造成的後遺症是：如果逼孩子只關注學業成就，而忽略他們對愛的需求，等到孩子長大，就真的別怪他們只重視事業目標，而忽略對家人的關愛、輕忽自己的健康。 另一個潛在危機是：這樣的孩子一旦在學業、事業或感情上挫敗，就很容易瞬間崩盤，之後要療癒重建，須花費非常長的青春寶貴時間，有時甚至自毀生命，無法挽救。 參考電影：《人生起跑線》（*Hindi Medium*）	千萬不要拿自家的孩子跟別人比較，就像如果把豹、魚、鳥放在同一班，無法用同樣的標準來評比每一個的專長。我們只能從旁協助，但請不要干預孩子找到屬於自己的興趣、天賦，讓孩子做完整的自己，而不是父母的復刻版。

原生家庭木馬快篩

事件	母親的 反應	孩子的 反應
孩子被同學欺負、 弄傷。	母親訓孩子:「這同學怎麼就欺負你,不去欺負別人?是不是你做了什麼惹了人家?你不會躲開嗎?」	從此之後,孩子再遇到類似的狀況,就選擇不說了,因為他不僅沒得到安慰或支持,反而遭罵。

這樣的反應可能會造成孩子 哪種負向印記	我的建議
如果孩子內在覺得自己不夠好,就很容易吸引施暴者來傷害他以贏得成就感,潛意識創造出符合「貶損自己」的能量態。 最大的後遺症是:以後孩子遇到任何不合理的待遇,不管是被暴力威脅做非法的事、被勒索、被要求吸毒,或是被性騷擾、想輕生……都選擇隱忍不說,直到出了大事,就無法補救了。	父母永遠都要成為孩子最親密、最信任的朋友。當孩子知道你不會批判他,永遠都會站在他那邊時,才會第一時間把遇到的問題告訴你。 此外,也需要聯合學校老師好好關心那個霸凌別人的孩子,看看其原生家庭是否有家暴或言語暴力的問題,趁現在還來得及趕快補救修正,比日後造成更多社會問題、造成更多受害者好。 參考電影:《陽光普照》《愛是一道光》(*Let There Be Light*)

延伸的木馬模組

　　針對上面表格提到的狀況，可能會延伸出兩個木馬模組：

犧牲自己之救世者木馬模組

　　我遇過一個從小一直被要求「多分享、多幫助別人」的個案，他問我，「幫助別人」能不能成為天命？我的回答是：

　　「那要看你是『出於真心』直接去做，對方就算不知道你是誰、不感謝、不回報，甚至辱罵你也沒關係？還是有**潛在動機**在等對方的感謝、回報？如果是後者，那麼你的給予就是帶著『交易』的目的：你幫助別人，而你的潛意識也正期待對方的關注、尊敬、崇拜、讚美、友情、對你的好口碑等等。這樣的話，你可能就會掉進『**救世者與一群待救者**』的糾纏模組，等到你耗乾了，再也幫不了任何人，從此沒人給你關注、尊敬、崇拜、讚美、友情、對你的好口碑時，你的自我存在感就會受到打擊。如果以『幫助別人』為你的生命核心，一定要先檢查，自己是否就是那個**最需要幫助的人**？假如你連自己都幫不了，又如何能幫助他人？而以『幫助別

人』來逃避自己該面對的課題，或是對『幫助別人後得到感謝』的成就感上癮，那麼很有可能會遇到『盡全力還是幫不了對方』的挫敗感，甚至也可能會遇到『抱怨你無能』『恩將仇報』『以怨報德』的離奇事件來棒喝你、敲醒你。我們要學會『願意相信別人自己也能做好』，從**不信任的控制**轉為**信任**，放手還給他人成長空間，自己輕鬆，身邊人也不會感到窒息。」

我們也不需要為了把自己升格成「能者」，總是一下子答應他人的要求，而莫名攬了一堆別人的責任，等到自己過勞耗盡才不得不取消、改約、不回覆對方的訊息，這有可能是不自量力、承諾過多造成實踐比例變少的力不從心，需要馬上調整「有求必應」「眼高手低」的失衡狀態。如果你半年內出現這種狀況多達三次以上，表示你習慣以**躲避、反反覆覆**的態度，面對眼前被吸引而來的過量承諾，進而創造了一種非常不穩定的能量狀態。我的建議是，從今天起，在做所有承諾之前，請先想清楚、三思之後再承諾，要確定自己非常有把握做得到才答應別人，不要為了「好面子」而輕易許諾，否則開了這麼多空頭支票卻不能兌現，也代表你對自己不負責任。此外，倘若發現自己老是「覺得」被身邊人利用，就要迅速回歸自己的內在，誠實檢查自己不敢拒

絕對方，是否因為潛意識裡也想企圖對方什麼？然後安靜獨處，滋養內心空虛，扎實填滿這些因自信不足而對外索求的坑。

也就是說，只要**不敢拒絕別人**，或是**怕被人拒絕**，都是中了木馬程式。**不敢拒絕別人**的好處是人緣極佳，壞處就是會忙到累垮、被掏空；**怕被人拒絕**的好處是自立自強、不麻煩別人（因為不給他人拒絕的機會），壞處則是裹足不前，不敢與人合作，也不敢表達自己真正的心意。重點不在於**要不要立下界線**，而是要以哪種頻率：**害怕**還是**信任**來應對。只要心中有**恐懼**、**害怕**，無論是**拒絕**或**答應**別人，或是**被人拒絕**或「**被**」**答應**，都還是會感到恐懼、害怕，例如拒絕別人後怕對方不高興、答應別人後怕自己做不到、被人拒絕後覺得很羞辱很受傷、別人答應了也怕自己不符合對方的期待等等。但如果心中**信任**自己也信任他人，那麼就算被對方拒絕也不會失去信心，依然覺得有希望；即使要拒絕對方，也會帶著祝福他／她未來更好的心意，不讓對方覺得自己很糟，把傷害降到最低。

此外，我看過幾位有「**救世者木馬模組**」的諮商師或醫護人員，他們會因為沒被感謝而感到挫折，覺得自己不受尊重。有個醫生朋友跟我說：「奇怪了，我沒救

活病人時，會被病人家屬抱怨；但如果我救活了病人，病人家屬謝謝的卻是神佛……」我也曾經在群裡看到兩個同學的對話，同學A跟同學B說：「幫別人諮商一定要收錢，否則對方會不尊重你。」這個木馬就是「自己需要別人尊重，因為內在覺得自己不夠好」，但又不知道怎麼衡量這麼抽象的「尊重」，所以就用「錢」來代表尊重。這在過去或未來可能面臨的狀況是：

一、如果有比她資淺的人，諮商費收得比她高，她馬上就會不平衡，然後這個「不甘心」會把她帶向**競爭木馬**的劇場。

二、會經常覺得別人不尊重她，無論是對方講話時沒看她、沒立即回她訊息，或是拒絕她。其實被別人拒絕，可能是對方真有難處，或是覺得不適合，但有這組木馬的人經常會導出**自己不被尊重，不是自己不好，要不就是對方不好**的「木馬結論」，就像電影《紐約茶館》（*New York Winter Palace / The Kindness of Strangers*）裡的一句經典對白：「你沒看我，是因為看不起我。」

尊重是自己給自己的，不是別人給的，來找我們提供專業協助的人，不是要讓我們感覺比他們優秀，我們也不是救世主，應該要感謝他們協助我們看到「自己也

沒看見」的面向（包括木馬），他們都是成就我們的老師，所以千萬不要把「成為諮商師／醫護人員」當成**讓自己感覺很厲害、很優秀**的途徑。如何檢查自己有沒有中這個木馬？可以檢視一下：如果療程結束後，對方居然沒感謝你、稱讚你，你會不會覺得失落？

一個沒有「**救世者木馬模組**」的人，腦袋裡連「幫」這個字都不存在。他憑直覺去做他該做的事，做完了不會、也不需要到處宣揚，因為他腦袋裡根本不存在「**幫者與被幫者**」的高低之別，就算無法為別人解決問題，他也不會因為「怕」別人不高興、「怕」別人對自己不滿意、「怕」別人認為自己無能，就不敢拒絕對方，而耗盡自己的生命能量、時間、金錢。他即使幫不了忙也完全不會有愧疚感，頭腦清明、內心智慧有愛，正如那個背女子過河的僧侶，他沒想到「自己」的清譽，也完全沒想到「別人會怎麼看他」，過了河就放下。其實，不是助人為快樂之本，**快樂才是助人之本**，我們只能給出自己有的，《金剛經》裡的「無相布施」就是很高的境界。

不自信之完美主義木馬模組

寧缺勿濫是完美控制木馬，**寧濫勿缺**是害怕孤獨木

馬。如果你發現自己的**自信心不夠、找不到自我存在意義、自我價值感不足**，可以直接問自己，**印象中爸爸或媽媽（或教養者）曾說過什麼話，讓你覺得備受挫折或被打壓？檢查一下這句話有沒有變成制約自己的負向木馬程式。**

我建議為人父母者在孩子的自信地基還沒發展健全堅實前，最好不要以**教其謙虛低調**之名，行**潑冷水打壓、挫其銳氣**之實，因為初冒的苗芽正在往上擴長，要有溫暖的鼓勵與足夠的支持，才能撐起自信底氣與才華光芒，只有長實了才有可能彎腰謙卑。

我舉一個真實案例：有個朋友一直想出書，想了十二年，資料也都備齊了，可是遲遲都沒開始動筆寫，也沒去找出版社；後來有一天跟他聊起我三十多本書的出版經驗，朋友才說他也有出書夢，可是都沒行動，覺得自己很「沒效率」。我一聽就知道必有原生家庭木馬卡住他，於是就直接深究他的木馬為何。

我：「你爸爸或媽媽曾說過哪一句話，讓你不敢這麼快出書？」

他說：「我媽說，做什麼事都要『準備到完美』後才能去做，如果還沒準備好就不要做……」

我說：「就是這句話卡了你十二年。今天如果你沒發現

這隻木馬，可能還不知道會被卡住多少個十二年……大自然中沒有『**完美**』這個詞，沒有一朵花要等到自己『完美』了才開花，也沒有一棵樹要等到種子『完美』了才開始發芽。**完美**是基於『看不到自己哪裡好，永遠覺得自己現在**不完美，所以要努力成為更完美的自己**』而來的焦慮（未來），這就是『否定當下自己』的負向頻率。而且**完美完形主義者**最麻煩的是會盯著**不完美**處無限放大，偏執地非要圓滿那個缺口不可，殊不知有可能會挖東牆補西牆，一直陷在無限焦慮奔忙的頻率中。

「『完美』這個詞是帶有限制性信念的木馬，是父母**害怕你出錯，擔心若他們不在你身邊就保護不了你**的恐懼頻率，你繼承之後就成了裹足不前的重石，因為那個『準備到完美』的虛幻永遠不可能達到，事實上，那只是給自己『可以不必馬上行動』的藉口，也帶著『不信任自己、不信任周圍』的頻率。這就是為何有人說『**擔心是輕度的詛咒，鼓勵是無形的保佑**』，因為**擔心**並不會減少明天的痛，只會掏空今天的力量，預設明天的傷痛劇本。

　　　　　　　　　　原生家庭木馬快篩

「你要問自己『**到底在害怕什麼**』，怕自己寫得不好？還是怕什麼？你**完美繼承**了母親的**害怕**，所以你要一鍵（見）解除**完美木馬**。破解的方法很簡單，就是把書的預定上市日訂好之後，往前推列詳細的月計畫、週計畫、日計畫，照時間去執行，以行動取代『因恐懼導致當下裹足不前』的無限拖延，就像推知了預產期後，接下來順其自然就行了，至少孩子不會要等到『完美』才願意出生……你可以把曼德拉說的這段話當做破解這個核心木馬的解方：『希望你的選擇，反映你的夢想，而非你的恐懼。』」

他聽完後，很開心地接著說：「你說的我都懂了，我會『**慢慢**』改變……」

但我一聽就知道他其實還藏有「**害怕改變**」的頻率，於是我跟他說：「你可以給自己這個破關的關鍵語：『**不必想太多，現在就去做，先求有，再求好，邊做邊修正。**』否則你會被『恐懼不完美』困在原地。」這讓我想到《心動隔扇窗》（*Through My Window*）這部電影中，媽媽對喜歡寫作、抱著爸爸的書稿看了許多遍的女兒說：「妳知道妳爸為什麼沒有出版小說嗎？因為他從來都沒拿給出版社看過，他沒有勇氣。他是很棒的作

家,但他總覺得自己不夠好。」

　　這個實例讓我們知道:不必因為沒效率而不自信,正是因為沒自信,所以才沒效率。如果升高維度來看,「拖延症」這三個字本身也是「木馬詞」,一旦找不到自己的節奏,就會跟人比較快慢先後;而當我們了解木馬之後,就能對症下藥。

面對自我相關課題,你可以這樣做

　　如果百分之九十的力量來自外在,那麼只剩百分之十的內在不受外在人事物的影響;但如果百分之九十的力量來自內在,那麼就只剩百分之十的外在,會影響我們的心情與價值感。所以問問自己,**爸爸或媽媽(或教養者)曾說過什麼話讓你印象深刻?你就從這句話去找出負向頻率**(恐懼、擔心、覺得自己不夠好)**對你造成了哪些限制或制約**。如果你有小孩,也請檢查自己的言語行為有哪些會造成孩子的負向印記。只要當下覺察並提前修正,都來得及。

　　記住,不必鞭策出更好的自己,只有本初貌真的自己。不必計畫,在最高維度的層次中,一切都已完美,一切都已具足!

第三章之二

人際關係、家庭關係
情感關係的相關案例

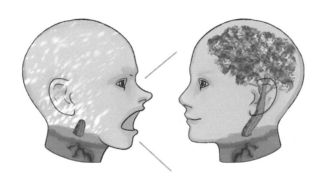

　　人際之間，只要是把自己不願面對的黑暗陰影投射
到對方身上，就非常容易引發衝突，特別是對別人的莫
名憤怒，很多時候是潛意識對自己有很深的敵意，因為
整個世界就是自己內心戲的投影。倘若對別人有憤怒、

不滿或敵意,最好能給對方解釋的機會,以確定不是自己的木馬程式、創傷偏見或刻板印象造成視盲區,以至於誤會對方。如果中了木馬鬼遮眼,就會身在福中不知福,焦慮慌忙地瞎找幸福;移除了木馬,把憤怒、嫉妒、攀比、恐慌、不滿、怨氣、看別人不順眼等等從內在清除,人生會多出百分之八十的寧靜幸福,之後才能安心享福。

父母的影響會被投射到自己的關係中

在我做的個案中,有四分之三的比例是因為沒覺察到父母對自己的影響,而把負面模組繼續投射到自己的關係中,比方父母不睦、分居或離婚,造成自己有了對感情不信任的木馬模組,於是就很容易因為「害怕受傷」而不輕易戀愛,面對一段可能發生的新感情,往往會以各種方式,比方請教別人(閨密、好友、算命占卜)、聽父母長輩的意見,來降低愛情的風險,或是乾脆就不戀愛,或單戀不表白,以防自己受傷,殊不知這個「害怕受傷」的頻率才是後來產生感情問題的投影源,往往造成所謂「疏離型依戀」(高逃避、低焦慮),甚至是「恐懼型依戀」(高逃避、高焦慮)的狀況。

所以，如果你身邊有人跟你說「**你給的都不是我要的**」，請先別感到受傷或挫折，那是因為他覺得不被理解，他的內在孤獨正在憤怒，或是他的愛也曾被拒絕，千萬別跟著這組木馬一起旋轉，也別因此害怕付出，但要覺察自己是否太強迫、給了太多壓力，讓對方想喘息。**同理心**跟**同情心**不一樣，同情心是跟對方共感，越同情越耗累，直到沒力；但同理心是慈悲與智慧，不必陪著共感同悲入戲，而是清明點醒對方出戲。

　　還有另一類型個案是：父母有一方外遇，很容易造成潛意識裡也懷疑另一半，久了對方也會被疑心病搞煩了，不是提出分手，就是乾脆如對方設定：真的變成外遇。比較麻煩的是，父母不只在家互罵互撕，甚至在法院或公眾媒體上互揭瘡疤，這對於還搞不懂大人世界的孩子來說，會直接被烙印了「感情很麻煩，充滿謊言與背叛」的負向印記；最傷的是，有些孩子搞不懂父母吵架、離婚的原因，會怪罪到自己身上，自責自己哪裡不好才讓爸媽吵架，於是「對感情不信任」＋「自責／自我貶低」木馬就伴隨著這孩子長大，不僅造成自我價值感低落，人際關係、親密關係、健康意識（特別是免疫系統）也容易出問題，尤其是當內在不認可自己時，潛意識很容易創造出被指責、被批評的狀況。有時這種

「自我價值感低落」也會變成「金錢破口」，導致**無止境地**把錢花在「會讓自己看起來更好、更美、更優秀」的事物上來填補自己。

近期我看到一則在網路上廣為流傳的新聞很動容：朱政坤法官在離婚判決書的最後，留下千字文給八歲的孩子，摘要如下：「……在爸爸媽媽的吵架裡，你真的沒有做錯任何事情……你的爸爸媽媽真的都非常愛你……他們都很努力用自己的方法在愛你……因為法律的規定，叔叔必須去寫『他們誰錯比較多』，於是你在上面會看到很多很多他們互相攻擊的話……請你一定要相信的是，愛你的爸爸媽媽，他們都是最棒的，這些才是真的『事實』……希望你幸福。」如果準備離婚的父母可以誠實跟孩子說「這些都是大人自己要處理的問題，不是你的錯」，或許就能減輕孩子被種下「自責與不信任」負向木馬印記的殺傷力。

揪出並破解傷害關係的木馬

那麼，我們該如何從個案的提問單上，以三步驟直接找到「原生家庭核心木馬程式」呢？

個案一（自述）

小時候我總是被好朋友背叛，身邊沒有人可以懂我，遇到困難時身邊也沒有人可以幫我。結婚的時候一個朋友都沒有請，因為小時候和一個好朋友說自己喜歡哪個男生，後來她也喜歡，最後她居然鼓吹全班同學不要喜歡我。她不僅爭取了那個男生的喜歡，還在我身上潑髒水讓那個男生嫌棄我、遠離我……我總覺得我得倒追我喜歡的人，但最終還是會被甩。

三步驟破解木馬程式

1. **揪錯**：以紅色標出或寫出負向關鍵字。
2. **歸納出一句方程式**：自己不夠好，所以總被身邊親密的人背叛、奪愛。
3. **查訪**：詢問原生家庭中是否發生過她「感覺」自己被身邊親密的人奪愛的事情。
   - **→詢問的結果**（自述）：「小時候跟我很親近的妹妹，居然把我告訴她的祕密跟爸媽說，害我被爸媽罵，讓爸媽從此很討厭我、總看我不順眼，感覺妹妹奪走了爸媽對我的愛。」
   - **→歸納分析**：從此她就被種下「被身邊親密的人背

叛奪愛」的方程式，繼續在她求學時期、戀愛期間產生陰影。倘若不破除這個模組，極有可能會在她的婚姻關係中再度出現「被身邊親密的人背叛奪愛」的事件，對象有可能是自己的家人（妹妹）、閨密、同事、鄰居、保姆、清掃阿姨、家教老師，或是把自己的女兒視為「奪愛」的情敵。她的疑心病不僅會導致自己不信任身邊的女性，也會造成先生巨大的壓力。

→**破解方式**：回到當初的時間點，去看那件「被身邊親密的人背叛奪愛」的事，為自己置入**妹妹的視角**來重新體驗這件事，就可以發現：原來妹妹感覺爸媽比較愛姊姊，所以她想奪愛，就把祕密告訴爸媽，企圖讓爸媽從此不喜歡姊姊。當自己看到這一點，理解之後，也就能原諒當時還小的妹妹，而不再用這個「故事」創造出來的「受害方程式」，繼續創造更多「被身邊親密的人背叛奪愛」的「事故」。

→**反例**：同類型的個案，我看過另一個反例──一名同樣有**被背叛奪愛**童年經驗的女性，後來成為第三者，她潛意識透過與另一個女人競爭奪愛的方式，來證明自己才是**更值得被愛**。我

也看過同樣都有「被身邊親密的人背叛奪愛」模組的兩個女人，愛上同一個男人的劇碼，而這男生通常是「被媽媽或奶奶爭相寵愛、溺愛」，所以當這類男人發生外遇問題，多半選擇躲起來，讓「女人雙方自己去競鬥」。

→**破解方式：**先檢查一下原生家庭裡最早關於愛的「競爭模組」是怎麼被建立的？是因為小時候經常被問「你比較愛爸爸還是愛媽媽」，或是經常被拿來跟兄弟姊妹或隔壁家的孩子比較？找到源頭原因之後，接著解除「愛需要爭取」這個錯誤程式。不須為了證明自己有魅力，而掉進三角關係的競技場，重新設定為「自己夠好到不必與人奪愛，本自具足就不必爭奪或占有對方」。

個案二

我在二〇一九年遇到一名想找我破木馬的個案，他的困擾在於：老是陷在兩個或兩個以上的女人之間。透過跟他深談，依據他的自述，我再結合其他幾名同類型個案，整理出**「不斷逃獄，卻逃不開自己無法獨處、自處的情感依賴獄」**木馬模組。接著在二〇二二年，我看到有些藝人、名人、

豪門富二代富三代、知名運動員鬧婚變的新聞，以及電影《Gucci：豪門謀殺案》和《米爾麗很美麗》（*Khoobsurat*），這些電影主角的「原生家庭負向印記」，與這名個案的木馬運作模組極其類似，於是我**歸納出一句木馬方程式**：
夾在兩者之間，透過雙方爭奪自己，來增加自我價值感。

→**歸納分析**：我將這個模組詳細整理如下（這模組有時是女生外遇出軌，男方為另一方對應角色，閱讀時可自行置換性別）：

如果小時候被父母嚴格管控，有被嚴厲責難的印記（有時是發生在名門或豪門的家族裡），長大後可能會形成一種感情模組：找到一個女生（通常父母會反對），然後決定逃離父母，迅速跟她戀愛或結婚。

不久後卻發現這女生不知不覺變成另一個管控嚴厲的「爸媽」，她一樣把家管理得很好，會守財、理財，或是一起打拚事業成功。不久後，他覺得自己「又」被掌控，所以潛意識又去找另一個看似能讓他「自由」的女生出軌，卻又放不下已有的金錢財富（錢是讓他享受自由的資本），所以會希望兩邊都不要失去，希望能與原配和新

女友一起生活，或是希望維持劈腿現狀，因為他想要保有錢，又想要有更多愛（愛的匱乏症）；想要白玫瑰，也要紅玫瑰。然而，兩個女人水火不容的情勢往往會逼他選邊站——他不是逼原配離婚，就是原配受不了只好自己提離婚，於是原配就進入「自立自強」的模式。電影《米爾麗很美麗》裡被毀婚的未婚妻經典臺詞就是「命運安排我冒險」。

當他被迫（或自願）放棄原配、錢、孩子，與新女友同居或結婚，重新打拚事業之後，如果木馬印記未改，他會再次進入一樣的循環：事業拚到興盛，久了又想逃離，然後又外遇；或是打拚不成功就一起慘，他再繼續逃——他永遠都是以「逃」來躲避問題，遇到不知怎麼面對的質問就不回應，或是以一連串的謊言躲避，不會單獨且勇敢地面對問題、解決問題，也不去找自己生命的重心，每次一遇到新對象（解救者），就再次劈腿（逃），真的有點像感情的「抓交替」，也像囚犯在獄中想逃離，期望另一間牢獄的新獄卒把他救出監獄，出獄後又不知道要做什麼（茫然），於是再次犯罪，這樣才能回到監獄裡，然

後加上逃獄之罪，一次比一次關更久（若他成功逃到新的關係裡，也極有可能會逃進管控更嚴的關係牢獄中，之後越來越難逃），如此才能再次擁有「新」的生命奮鬥目標：想辦法逃獄→出獄後繼續創造「入獄」的理由。有時，他還會把自己放進兩獄之間的三角關係，讓雙方爭奪他的愛來建立自己的存在感，或是有一方會跟他成為戰友來對抗另一方，以為他會因為「更愛我」而放棄另一位。這樣的男人戀愛毫無空窗期，幾乎都是重疊關係，不停地換伴侶來逃避面對自己、改變自己，加上小時候有被「管控、責罵」的印記，所以他會有**被抓到然後等著被罵**的「**負罪感上癮症**」，哪一方女生罵得越凶，他就越有「逃」的理由與動力。

→**破解方式**：直到他願意**以「面對」取代「逃避」**，願意空出**更長的獨處空窗期**來面對自己的孤單，不再忙著找新的感情對象來填補內心空洞，潛意識裡不再一直做出「明知會被罵」的事來增強負罪感；直到他不必再透過「不停找伴侶」來假裝填滿自己，等他可以完全自處愉悅時，才算是恢復正常的第一步。我們要自問是

「因為哪一個潛意識動機」想要找伴，或是想要與對方在一起？隱藏在這動機底下的負向木馬，最終會導致爭吵、分手，但只要兩人及早校準回歸生命主軸，就不會引發木馬地雷。

個案三

二○二○年我遇到一個很特別的個案A，他年約三十五歲，是一名建築師，不知道已經換過多少女友，也結婚、離婚多次，通常是對方懷孕了才被要求結婚負責，而且每一段感情到後來都是劈腿被發現後才結束。經過深度訪談後發現，原來他很小的時候父母就離異，且因為父母各自都有新的對象，就把他交給奶媽帶；有時奶媽休假，就會是奶奶、外婆、姑姑、阿姨等人輪流帶，奶媽也換過好幾任。所以他從小就被很多女人照顧，很晚才斷奶，長大後也是「習慣性」要有兩個以上的女朋友，而且總是不經意吸吮手指來緩解壓力。

→**破解方式**：同**個案二**，得學會獨處、獨立面對自己，而不是一直奔躲在關係之中。直到他願意以**面對**取代**逃避**，才能中止這個負向迴圈。

面對關係課題，你可以這樣做

我們可以看到，原生家庭對孩子的負向印記，長大後若沒有自覺清除，無論是與原生家庭的關係、兄弟姊妹關係、伴侶情感關係、與公婆或岳父母的關係、親子關係、與閨密或哥兒們的關係、與同事或上司老闆的關係等等，都會像投影或蓋章似地複製再複製，直到我們醒過來，決定清理舊印記並更改設定為止。

另外，人與人之間經常起衝突的原因是「覺得對方不尊重我」，或是不慎踩到對方底線，有可能是彼此的信任水位完全不對等，這就是常見的**雙木馬對應局**：一方要學習「尊重別人的界線」，另一方則要學會「強化自己的自尊自信地基」。如果經常覺得**總被別人瞧不起**，要檢查是否**自己也瞧不起自己**，否則怎麼會被別人的看法影響？要注意的是，很多人把「被誰瞧不起就打敗誰」當做「奮發圖強、爭一口氣、證明給對方看」的努力動機，讓自己變得更好、更強，但內在的木馬程式是：自己也不肯定自己，才會在意別人的看法，殊不知努力的方向有可能因此被對方誤導，而離自己本來想做的初衷夢想越來越遠。而且，每當覺得自己被人瞧不起時，最麻煩的是會以防衛之心來待人，久了身邊的人跑的跑、

逃的逃，因為沒有人想忍受冷不防地莫名被刺傷。

批評對方，大不了我；讚美對方，小不了我；人人都是，獨一無二。只要自尊自信的地基夠深穩，就不再需要跟別人計較、攀比，自然會省下很多討好別人或等待別人肯定的精力、金錢以及受挫後的療傷時間，也會因為心胸寬闊、真心欣賞別人的優點，不吝於讚美、鼓勵、分享、激勵他人，大家互為貴人，即是最高維度的共好版本。

第三章之三
個人天賦藍圖相關案例

大部分人最早建立「自我認同與價值感」是在原生家庭中，所以許多個人的限制性信念，也都能回溯到這個時期。

關於個人天賦探索，有幾部電影可以參考，例如《靈魂急轉彎》（*Soul*）及《魔法滿屋》（*Encanto*），這兩部的共同點是：天賦不是別人眼中那些多麼了不起的成就，而是以創造、創作來點燃我們熱情活著的火花。而關於「天命→天職→多元天賦→天能→量子天命」多維度雙錐雙向金字塔投影動能模型、全方位自我升級的十四組動力結構、擴展多元天賦的十大模型，都已在《量子天命：天命一條，勝過斜槓一堆》書中詳述了，

有興趣的讀者可延伸閱讀。

　　以下是我整理出來最多人提問，關於尋找天賦天命興趣、求學、謀生、工作選擇的問題，並示範如何破解。不過，這僅供大家做為搜查自己原生家庭木馬途徑的參考，而非每個人都有一模一樣的原生家庭問題。

從個案提問單中
三步驟破解原生家庭木馬法

個案範例

我目前的正職是會計，我有很多興趣，比方畫畫、跳舞、寫作、花藝、茶道等，我該選哪一個做為我的天命？每一樣我都有學一些，但大部分都半途而廢。請問我該辭職專心做自己喜歡的事嗎？

三步驟破解木馬程式

　　1・揪錯：以紅筆圈出或寫出負向關鍵字。

2．歸納出一句方程式：自己喜歡的事都會被中斷

3．查訪：詢問原生家庭中是否有人（爸爸或媽媽或教養者）不斷告訴她「應該先做什麼，之後才能做自己喜歡的事」，例如先做完功課才能去玩。

→ **詢問的結果**（自述）：「是的，我記得小時候有一次我正在玩積木，突然被媽媽打斷，要我馬上先去做功課。」

→ **歸納分析**：這等於媽媽幫她內建了「你得聽我的，否則就會被我剝奪玩的權利」的反應模組，長大後若不移除這個負向印記，她容易產生不自信、茫然、無法自己做主、無法正常表達自己等問題，要重建是比較困難，因為下面這個已被深植於她心腦的**方程式**持續在運作：

總是必須先選「別人」覺得該做的事
或是必須先去做自己不喜歡的事
然後才能選自己喜歡的事
但又不知道怎麼選
因為沒有一件自己喜歡做的事可以完整做完
總是中途就被粗暴地打斷

↓

所以她長大後會先選擇**符合父母期望**的學校科系，選工作時會下意識地選**家人認為有錢途**的工作，自動忽略自己的喜好。然而，她內心又想要做自己喜歡的事，利用剩餘的瑣碎時間去學這、學那，卻因為「**中途被打斷**」模組還在起作用，雖然現在身邊沒人會再打斷她了，但她已經成為**打斷自己做喜歡的事的那個人**（有時也會投射到公司主管、同事、先生、孩子等），很多事往往都半途而廢，就這樣耗費青春、耗盡熱情十幾二十年。比較好的情況是：最後還是轉往自己喜歡做的事；比較糟的狀況則是：已經不知道自己喜歡什麼了，提不起勁，生無可戀。

半途而廢模組很容易讓人一事無成，就像煮一鍋水，每次快到沸點時就熄火，或是瞄準了靶心、箭在弦上，卻又把箭移去瞄準另一個靶心，人生就這樣浪費了許多時間在矛盾、猶豫，次數多了自己也會覺得很挫敗，這就是把原生家庭的受挫經驗拿來複製成自己**半途而廢受挫**的命運。

這種「**自己喜歡的事都會被中斷**」的木馬模組，有時會造成不停更換學習主題、不停換學校

（休學、退學，再去找新的學校念）、不停換工作⋯⋯成為「**中斷→再換**」的**慣犯**。

→**破解方式**：先想清楚，列出自己真的想做哪些事，然後靜下來問自己，如果明天就不在地球了，沒做哪件事會感到很遺憾（即是以「不遺憾清單」取代「夢想清單」），然後把**這件事列為最優先**，每天都盡可能以最多時間來專心完成，在這件事沒徹底做完之前，先不要做其他的事，一旦決定的事，**無論如何一定要堅持完成，絕對不可半途而廢**，否則每件事都做一半，最後會一事無成。此外，從今天起只**承諾你做得到的，一旦承諾，或是跟人家約定好，就盡量不要輕易更動、反悔、找藉口拖延不完成，或是取消**，你改約、爽約的次數越多，表示你不停地在推翻自己、耗費自己的能量，所以請修正「反覆善變」的習慣，改約、爽約的次數越少，能量就越穩定。

→**舉例來說**：如果沒畫出心中想要創作的繪本是人生最大的遺憾，那麼就把這件事排在第一位，盡可能找空檔或零碎的時間逐頁完成，不需要辭職，否則又掉進「半途而廢」模組，且生存焦慮

木馬還沒清除，辭職後會更心慌。倘若中途又出現想做別的事的念頭，可以把它們都寫在「完成繪本之後」的待辦清單中──必須堅持把這件最重要的事做完，千萬不要再打斷自己，如此才有機會改變**「自己喜歡的事都會被中斷」**這個模組。

面對天賦藍圖課題，你可以這樣做

只要徹底清除或轉換原生家庭烙在我們身上的負向印記，亦即「因害怕而造成的限制性信念」，化恐懼為穿越洞見的勇氣，讓自己恢復清明的原廠設定，那麼自己與天命天賦之間的迷霧屏障、未來人生的地雷就會消失。

當我們覺察並拋棄繼承這個慣性，換成「專心一致，堅持到完成」的新模組來替代，就能讓自己的天賦之光從原礦中毫無阻礙地散發出來，幾里之外的人都看得見。然後，機會與資源也會自動聚流過來，如此才能真正改變自己的命運，「心誠事享」就是這個原理。

金錢與財務相關案例

計較、掠奪、索求，是貧窮的開始。一個人對自己的信心，會決定自己財庫的容量。倘若一個人很有才華，也懂得把「才」變現或轉換成有形資產，但若他覺得自己「不配得」，潛意識或無意識就會以很離奇的方式把進來的錢擋掉、推掉，或

是這些錢會莫名地突然被花掉、被詐騙走、被借不還、賭博失敗、投資失利等。也有人想透過「炫富」贏得別人的羨慕或崇拜，錢露不露白不是問題，問題在於**想露白的負向動機**才是觸發「花更多錢、破財」這個狀況的地雷。

此外，當自我認同或情感關係出現木馬破洞，也會變成金錢破口。比方，對自己沒信心的人就會不由自

主地買各種保養品、化妝品、名牌包、衣鞋首飾；焦慮自己或家人不健康，或是害怕自己或家人會失去生命，就會花不少錢在保健品或保險上。所以，我們要優先找出自己的「金錢木馬」破口，修補之後，人生時間就不會一直浪費在賺錢、漏財、再賺錢、再漏財的惡性循環中──陷入這樣的惡性循環，等於也浪費了可以完成個人代表作、個人品牌及夢想的時間與資金。

十八個問題搜出金錢木馬程式

人生，不過就是在考「錢vs命」「錢vs家人」「錢vs愛」哪個重要。我先列出搜查金錢木馬「錢（潛）」意識的十八個問題如下，大家可以先作答。

1. 你的爸爸媽媽發生過什麼跟錢有關的事，讓你印象最深刻？他們灌輸給你的金錢觀是什麼？
2. 請回想並整理出家人對你的金錢觀，造成哪些正向與負向影響。
3. 你還記得爺爺奶奶、外公外婆或其他親戚發生過什麼跟錢有關的事，讓你印象深刻嗎？
4. 講到錢，你第一個聯想到的是什麼？

5. 如果你瞬間有了很多錢，比方數十或數百億，你覺得可能會產生什麼問題？或是你最害怕會發生什麼不好的事？

6. 如果你瞬間有了很多錢，卻突然發生一件緊急的事，讓錢瞬間都消失，你覺得可能是什麼事？

7. 如果瞬間沒有錢，你最害怕什麼情況發生？

8. 如果瞬間負債，你最害怕什麼？你覺得可能是因為發生了什麼事才導致這種情況？

9. 如果沒有錢，你會向誰求助或借款？

10. 如果沒有錢，甚至負債，你覺得自己是一個怎樣的人？

11. 你最大、最奢華的夢想是什麼？

12. 你打算怎麼完成這個夢想？預估大約要花多少錢？你覺得這個夢想若順利完成了，可能是透過什麼方式？如果沒完成，可能是什麼原因？

13. 如果你瞬間變成超級首富，你覺得自己會是個怎樣的人？

14. 如果你瞬間變成超級首富，你最想讓誰或哪些人知道你是超級首富？

15. 如果有花不完的錢，你想拿錢來做什麼，或是買什麼？你最常買的項目、你家最常囤積的東

西是什麼？你最常被哪三類東西的廣告吸引？

16. 如果突然從超級首富變回原樣，你的感覺是什麼？你覺得這時候的自己會變成怎樣的人？

17. 如果突然從超級富豪變成「負」豪，你覺得自己是個怎樣的人？你覺得別人會認為你是個怎樣的人？

18. 如果突然從超級富豪變成「負」豪，你會想要盡快回到超級有錢的狀態嗎？

其中第 1 ～ 3 題，是直接從原生家庭搜出金錢木馬印記，第 4 ～ 18 題則是深度搜出已烙印在潛意識或無意識的金錢財務木馬程式。

問題解析

答完上述十八個問題之後，我逐題分析如下。

1. 你的爸爸媽媽發生過什麼跟錢有關的事，讓你印象最深刻？他們灌輸你的金錢觀是什麼？

我曾幫一個朋友做個案，她說她跟先生都有很嚴重的債務問題。我第一句話就問：「你父母的財務狀況如何？」

她說：「父親因為幫人擔保，那個人卻跑了，所以瞬間負債；母親借錢給親戚，對方始終沒還錢，所以我在父親離世之後就拋棄繼承債務。」

　　我說：「你是拋棄繼承了父母的債務，但你根本沒拋棄他們的**金錢負向印記與頻率**啊！」

　　後來我花了十分鐘幫她寫出「被父母影響的木馬方程式」，然後教她如何一步精準破解這個方程式。我非常希望大家都會這套「**一鍵快速查殺木馬**」的技術，用來幫助自己、家人、朋友，甚至變成副業都很棒。如果假日在家無聊，也可以約家人朋友一起玩木馬程式桌遊、人類木馬程式 AI 互動系統，這樣全家人就可以共同殺消木馬，而不是彼此強化木馬！

人類木馬程式桌遊，請洽
https://p.ecpay.com.tw/291A56F

人類木馬程式 AI 互動系統
skywalker.course.voiss.cc

　　我還有個學生，她的問題是：她爸爸賭博欠了很多債，媽媽做家庭手工辛苦養大孩子，這造成的影響是：她不會先問自己喜歡做什麼，而是想辦法找賺最多錢的

工作，或是會去找一份穩定的工作，以確保固定收入無虞，於是她潛意識裡就設了障礙板，擋住了「她喜歡的事會有金錢財富」的可能，加上她對父親賭博的痛恨，這樣的不安全感讓她高度管控先生的財務，不允許先生有自己花錢的自由，導致夫妻經常為了錢吵架。而她的現況是：她母親跟她借錢去投資失敗……所以，只要她還有金錢木馬破口，無論再怎麼防範，錢還是會從她意想不到或無法拒絕的人事物中漏財出去。

關於賭博性格，最有名的例子就是全球爆紅的韓劇《魷魚遊戲》。裡面有幾個好賭成性的角色，潛意識覺得自己已經是輸家，但又希望自己有一天會翻身、相信自己下一次一定會轉運翻盤暴贏，結果把自己和家人的人生搞成地獄，搞到無家可歸、一無所有，過著自覺「該死」的人生。我之前在幫學生做原生家庭木馬諮詢時發現，如果父親有賭博情形，孩子要不是極端省錢以免重蹈父親覆轍，要不就是完全繼承這個「錢來得快，去得快；錢去得快，也可能可以來得快」的印記，於是有不少比例的孩子會「繼承」負債，例如賭博、亂花錢、亂借錢，要不就是亂玩高風險的投資。

所以請檢查一下，你的爸爸媽媽（或其他家族成員）發生過什麼跟錢有關的事，讓你印象最深刻？以及，

他們灌輸給你的金錢觀是什麼？然後比對你目前的金錢財務狀況，看看他們帶給你哪些正向影響及負向影響。

請盡早清理源於原生家庭的不當金錢木馬頻率，把坑洞補好，有債速清，才不會讓自己一直忙著賺錢、漏光、再賺錢……陷入疲於奔命的負向循環。

2.請回想並整理出家人對你的金錢觀，造成哪些正向與負向影響。

這題的解法比照上一題，只是把研究對象放大到涵蓋父母在內的同住家人，比方兄弟姊妹，然後再比對你目前的金錢財務狀況，看看他們帶給你哪些正向及負向影響？這樣一下子就能找到相應的線索。

舉例：

因為經常被爸媽批評不如隔壁家的孩子

　　→失敗模組（因）

所以逼自己選擇賺快錢的工作，而非自己喜歡的工作

　　（果1：反應在「自我」面、「工作」面）

選擇大家覺得成功的伴侶，而非自己喜歡的伴侶

　　（果2：反應在「感情」面）

與上司、同事、伴侶都處不好

　　（果3：符合最早建立的「失敗模組」）

亞健康：焦慮、胃痛、經期紊亂、失眠

（果4：反應在「健康」面）

3. 你還記得爺爺奶奶、外公外婆或其他親戚發生過什麼跟錢有關的事，讓你印象深刻嗎？

這題的解法比照第一題，只是把研究對象放大到全家族，找到**溯及三代**的金錢木馬印記，然後比對你目前的金錢財務狀況，看看他們帶給你哪些正向及負向影響？這樣一下子就能找到相應的線索。

《電影之神》（*It's a Flickering Life*）這部日本片，講的是一個從小中了「失敗模組」木馬程式的年輕電影導演，他的劇本幸運找到投資方，卻因為自信不足而自己中止了拍攝計畫，意志消沉，四處借錢賭博，搞得老婆小孩都忙著幫他還債，他甚至還跟孫子借錢。後來孫子找到當初被他半途而廢的劇本，協助他修改並拿去參加劇本大賽，得到首獎後他才重拾信心；但聰明的孫子在領獎回報單上故意不填爺爺的帳戶，因為爺爺好賭成性早已「木馬成破舟」，所以獎金就匯給家人代為還債與保管。有時，聰明有覺知的孩孫會將**家族的負向金錢木馬印記**視為「反面教材」來避免重蹈覆轍，但要特別注意別讓「害怕金錢瞬間不見」的恐懼印記限制住自己，

要重新建立對金錢的信任頻率：不用擔心錢，做對的事，錢會自動到來；做錯的事，錢會自動離開。

4.講到錢，你第一個聯想到的是什麼？

這一題是讓你檢視一下，你把錢＝「？」。如果這個「？」是負向詞，你要把這個句型倒裝回來看。例如有人說，講到錢，第一個聯想到的是「麻煩」，這個人的金錢方程式就是「錢＝麻煩」，那麼他就要**倒著寫出「我怕麻煩→所以我潛意識或無意識不會讓自己太有錢，免得給自己找麻煩」**的方程式，這樣就能一下子查找出阻礙自己金錢財富流的擋水板。

但如果有人的「錢＝？」是正向詞，該怎麼解釋呢？舉例來說，如果有人寫的是「錢＝萬能」，認為有錢就「無所不能」，那麼要請他寫下**相反句**：「錢不能做什麼？」比方，錢不能買到感情、錢不能買到健康、錢買不到生命時間、錢不能讓人起死回生……請盡可能地寫，因為這些將來有可能會是他的**金錢破口**。

我有個學生是企業家，他當時寫下的答案就是「錢＝萬能」。我直接問他：「你花最多錢的事物是什麼？」他說：「保健品與醫藥費。」我說：「這就是你的金錢破口。」他繼續追問：「難道不能買保健品或付醫藥費

嗎？」我答道：「不是的，我的意思是，如果你的潛意識或無意識認為『賺錢』是為了要有足夠的錢為自己或家人買名貴的保健品、找名醫掛特別號，或是住 VIP 頭等病房，你是不是在潛意識或無意識層面，已經聚焦在『生病』而輕忽健康？因為你沒想過『不生病、很健康』的可能性，更別說用心維持健康的飲食與生活習慣了。」

　　所以講到「錢」，你第一個聯想到的是什麼？看看自己的答案，先確定是正向或負向詞，再按照我剛才的示範，破解自己的金錢木馬。

5. 如果你瞬間有了很多錢，比方數十億或數百億，你覺得可能會產生什麼問題？或是你最害怕會發生什麼不好的事？

　　有同學說：「怕被家人或親戚朋友借錢。」這個答案的木馬是：他為何不敢拒絕別人借錢？如果不借會怎樣？他怕什麼？是怕失去這個親友，還是怕別人覺得他小氣？這兩句話裡都有「怕」這個字，這就是核心木馬，而正因為他有這個木馬，只要身邊的人發現了這個弱點，就會向他借錢不還。如果他因為怕失去這位親友所以借出錢，等到他一直借到自己沒錢可以再借給對方時，他一樣會失去這個親友，而且還失去金錢；假如

他是怕別人說他小氣，那麼「愛面子」就是他漏財的原因，他會因為「不想在別人面前丟面子」，而有各種亂花錢、亂投資的漏財狀況。

還有一個同學說：「萬一有這麼多錢，怕被綁架。」這個答案表示他認為「太有錢＝很危險」，這就是他潛意識或無意識害怕、排斥或抗拒金錢能量的原因，他自己不會察覺到，甚至表面上非常努力賺錢、存錢，但他會莫名其妙「被漏財」，以符合「錢不要太多否則危險」的安全水位。

看完上述案例後，也請你從自己的答案中，找到讓你漏財的金錢木馬。

6.如果你瞬間有了很多錢，卻突然發生一件緊急的事，讓錢瞬間都消失，你覺得可能是什麼事？

我有個腸胃科醫生朋友，他覺得倘若突然發生一件緊急的事，導致他瞬間把錢都用光，可能是家人突然生病，需要一大筆醫藥費。我追問他原生家庭的狀況，他的爸爸也是醫生，很富有，卻因為親戚跟他爸爸借了一大筆錢沒還，所以一夕變貧窮。於是我這個醫生朋友就被植入「錢會突然被親友借光」的印記，加上他是醫生，平常在醫院看多了各種疾病案例，就有了「錢最後

會花在家人親友的醫藥費上」的木馬印記，這導致他潛意識或無意識想多加班賺錢，以籌集未來的醫藥費，殊不知他的焦慮、過勞、加班，才是未來他身體可能出狀況，最後得花大筆醫藥費來治自己病的「因」。

你針對這個問題的答案，就是你對未來的焦慮，這焦慮是讓你漏財或導致健康出問題的潛因，及早調整，就能為未來省下一大筆醫療費用與時間。

7. 如果瞬間沒有錢，你最害怕什麼情況發生？

這個答案是在找**潛在金錢負向頻率**。舉例來說，若你的答案是「如果瞬間沒錢，最害怕別人看不起我」，表示你有「自我價值感不足、很在乎別人眼光、需要別人肯定」的木馬程式。

如果答案是「怕身邊的親友離開我」，表示你有「害怕孤獨」的木馬，可以預知將來的金錢破口很可能會是「無法拒絕親友借錢或投資邀約」。

假如答案是「怕將來自己沒錢吃住」，表示你有強大的生存焦慮木馬，這木馬看起來很正向，會逼你努力賺錢，但也可能讓你焦慮、過勞，影響你的健康，將來賺的錢還是會拿去補你的生存焦慮破口，比方買保健品或付醫藥費。

以此類推，你已經從答案中看到自己的負向金錢頻率了嗎？

8.如果瞬間負債，你最害怕什麼？你覺得可能是因為發生了什麼事才導致這種情況？

這是第7題的加強版，可以挖到比第6、第7題藏得更深的負向金錢木馬：對錢有不安全感的恐懼。這時就要問自己，到底是源於對自己沒有信心、害怕別人的眼光，還是害怕活不下去的生存焦慮？

9.如果沒有錢，你會向誰求助或借款？

這題是檢查你對誰產生依賴。你要反省自己是否老是潛意識或無意識地創造金錢問題，只為了維繫你與對方的關係？或是索求愛？或是報復對方？

我在二〇二〇年做過一個特別的個案，這個女生因為從小爸媽就比較疼弟弟，所以經常生病，讓爸媽為她花錢、花時間，每次生病她都會有「終於讓爸媽重新關愛我」的滿足感。長大後，她的這個木馬還是在繼續，一直產生各種生病的理由要求爸媽給她錢，她等於內建了一個「自毀健康，以勒索爸媽的愛」之木馬程式。

請從答案中找到你是否還對誰有依賴關係，或是身

邊還有誰經常跟你求助、借錢？對方是否與你仍有剪不斷、理還亂，量子糾纏式的情感與金錢的關係？

10. 如果沒有錢，甚至負債，你覺得自己會是一個怎樣的人？

這題是在檢查你有沒有以「錢」來定義自己。正常狀況下，無論你有沒有錢，都不會影響你對自己的看法才是「真自信」。

11. 你最大、最奢華的夢想是什麼？

12. 你打算怎麼完成這個夢想？預估大約要花多少錢？你覺得這個夢想若順利完成了，可能是透過什麼方式？如果沒完成，你覺得可能是什麼原因？

這兩題是要找出你的金錢天花板（擋水板），比方如果有人的答案是住豪宅、環遊世界，那麼有可能不小心被別人的夢想汙染，且活在他人的眼光中，忘了自己真正喜歡什麼，浪費大部分的生命時間，在完成別人眼中完美優秀的自己。

我有個學生曾經有「環遊世界、住豪宅」的奢華大夢，她的理由是她愛好自由、喜歡美的事物。我問她：「如果有一天妳真的住進豪宅，並開始環遊世界，妳會

不會把照片發朋友圈？」她說：「會。」我問：「如果不發會怎樣？」她說：「那我就不能跟我那個嫁給富豪的閨密炫耀了。」她的人生都活在與閨密競爭的跑道中，忘了自己有獨特的生命之路。

此外，「這個夢想若順利完成了，可能是透過什麼方式？」以這句可以直接預測：你選擇的圓夢途徑與機會，是否藏有木馬風險？電影《Gucci：豪門謀殺案》古馳夫人的答案會是「嫁個有錢的老公」，維珍航空創辦人理查·布蘭森（Richard Branson）的答案會是「創業」──前者的風險在於老公的狀態，後者的風險則在於經濟局勢與共同參與的夥伴。所以我們可以透過「全觀」各個圓夢路徑與「預見」藏在底下的木馬，來讓自己做有智慧的選擇。

還有一個「夢想抓馬」問法就是：如果夢想最終沒完成，你覺得可能是什麼原因？我在這裡舉兩個實例。

實例一：

有個學生告訴我：「我想去環遊世界，但我怕萬一太早完成，人生就沒有目標了。」

我對他說：「是你的『害怕』擋住了你的夢想之路，但更深的木馬其實是：你沒有自己『真正』的目

原生家庭木馬快篩

標，你只是看大家的夢想多半是『環遊世界』，便**借**來做為自己的夢想，因為當自己內在燃燒出熱情、真心想完成一件事時，是連『害怕』能存在的縫隙都沒有；所以你要檢查一下，小時候是**哪些人**一直在幫你**設定目標**，導致你總是忙著完成他／她們層出不窮的目標，根本沒時間探索自己喜歡什麼、想完成什麼？如果你忙到沒時間享受人生，看看自己是否忙著拚命完成別人灌輸給你的夢想與目標。

「不要把人生浪費在**活給別人看**。從現在起，你要移除他們放進你腦裡的夢想或目標，也不要看別人許什麼願、完成什麼夢想，就照（夢想清）單全收。你可以每天當成是剛出生到地球，以全新的眼光與感官先觀察一下這個『嶄新』的世界，然後探索自己對什麼有興趣，就當成一個好玩的遊戲去『沉浸』在其中，而不是把它變成『設定目標』去完成的任務，這樣才可能跳出**設定目標→完成目標→害怕自己一旦完成，卻沒接到下一個任務，人生就頓失目標→尾隨在『別人覺得好的目標』之後** keep walking→……的無限循環。」

實例二：
我跟兩位好友說：「等全球疫情結束，我要以一年

的時間環遊世界。我會假設這是我在地球最後一年的方式，設計出我最想體驗、最想去的旅遊行程。」結果他們聽了之後有兩種截然不同的反應：

一個朋友說：「我也想去環球之旅，但不知道我的**身體**允不允許我去……」另一位則說：「我也想去，但我得開始存**錢**，我花太多錢亂買東西了……」明顯可見，他們兩位分別以「身體不好」和「沒錢」做為**夢想成真的木馬障礙**。如果你真心想完成某個願望，就算全宇宙都來幫你，但你卻搬出各種藉口而**現在**沒有任何作為，那就是自己的選擇了。

13. 如果你瞬間變成超級首富，你覺得自己會是個怎樣的人？

這題是讓你檢查，你**是否以錢來定義自己**，讓你因**焦慮**而忙著賺快錢，忘了發揮自己的天賦、做自己喜歡的事？賺快錢往往就是可能讓人掉進坑的誘因，無論是想快速有高獲利的投資，或是賭博，或是一直花大錢包牌買樂透等等。

有人的答案是：「當我成了超級首富，我就會是一個非常成功、優秀、聰明的人。」但一定要等到變成超級首富，才是一個非常成功、優秀、聰明的人嗎？而你

現在覺得自己不成功、不優秀、不聰明，就是「不自信或自我價值感不足」的木馬程式早已存在你之中的證明——如果你真的找到讓自己充滿熱忱的天命、天賦，不管有錢沒錢都會樂此不疲、很享受地去做，不會以此做為成敗或是做不做它的評量依據。

14. 如果你瞬間變成超級首富，你最想讓誰或哪些人知道你是超級首富？

這題是用來檢查：你都是活在誰的眼光之中？比方有人的答案是：「我想要讓父母親友都知道，因為我想要光宗耀祖、光耀門楣。」但如果你住的豪宅區裡有人比你更有錢，難道就表示你是失敗者？

我們學會的「適者生存，不適者淘汰、弱肉強食、互相殘殺」競爭意識，其實是從小時候的家庭教育、學校教育就開始了。這競爭遊戲設定的前提是「資源是有限的，人越少，大家分到的就越多」，於是就充滿心機、各懷鬼胎地忙著算計別人能給我們什麼、對我們有什麼好處，或是自己可以搶先占奪到什麼——從爭奪現實世界的土地，到爭搶元宇宙的虛擬土地，甚至是太空、月球、火星……中了「爭之木馬」的人，「爭贏」就是他們的生存動力與目標，殊不知用掉的是本可拿來

享受生活、享受愛的有限生命時間。

　　資源不患寡而患不均，若大家都害怕自己沒有，那麼有的人**囤積過多**的部分，就成了有些人得不到資源的原因。要自我覺察，不要落入「競爭、比較」的集體木馬程式，因為「好勝心」會向未來投射出更多的競技場與敵人，就看我們何時要離開競賽跑道或生存競技場。**跟別人比，有贏有輸；跟自己比，沒完沒了；不比，內心平靜、天下太平**——宇宙裡沒有輸贏成敗，把時間用在活出自己而非別人眼中的生命，就會發現人生還有另一種可能，就是大家可以共創共好，形成「巨引源」（巨大的引力源頭），因為資源可透過**有愛的合作**而生生不息。

15. 如果有花不完的錢，你想拿錢來做什麼，或是買什麼？你最常買的項目、你家最常囤積的東西是什麼？你最常被哪三類東西的廣告吸引？

　　我們可以透過審視與回答這一題，找到自己金錢木馬的缺口／破口。

　　很多人的答案是：如果有花不完的錢（比方中樂透頭獎），會想要買名錶、名牌衣鞋、名牌包、豪宅、名車、跑車，或是奢華旅行等等。想一下，我們是否潛意

識被這幾類廣告或文章吸引？選買的東西真的是為了自己，還是為了炫耀、炫富？如果是後者，那就是已經中了木馬程式。有人克制不住一直買奢侈品來炫富，甚至刷卡或申請信貸來買，只是用來掩蓋內心的自卑，或是覺得自己不夠好，而愛面子的結果，只要有人想借錢，就很難拒絕否則會失面子；或是為了讓更多人看到豪宅豪車，三不五時就會想在自家辦流水席派對，這就是錢的破口，其實內心是孤獨空虛的，需要朋友、需要別人稱羨的眼光來讓自己感覺良好，這表示已經不是在用自己的心決定自己的人生，而是從「**別人眼中的我**應該要怎樣」的角度來「秀」生活。然而，**越想對別人「秀」什麼，其實就是自己最「缺」什麼**，這個**假面**近幾年已經讓許多個人或企業破產、泡沫化了。**造夢**不是活在自欺欺人的謊言裡，**隨心做自己**也不是盲從無明的欲望，如果有金錢木馬黑洞，越急著浮誇擴張夢想，黑洞就被撐得越大；越焦急亂找資金現金流，破洞就會被沖得更大——虛假夢想破滅的代價不小，會讓人付出極多的金錢與生命時間，也只有看得出木馬的火眼金睛，才能一眼看透到底誰在虛張聲勢。

　　頻率投影源是什麼，投射出去就是什麼。建議大家一定要第一時間優先清除原生家庭的負向印記，要不然

名越大、利越多，被掏空地基的樓就越歪，從外面旁觀看來會非常明顯。所以，為了不再給自己的未來挖坑，請不要先吹牛皮，最後吹破牛皮導致浪費生命時間，而是要先改變「想成為更好的自己」潛意識裡「覺得自己不夠好」的頻率，因為只要覺得自己不夠好，無論你做什麼、買什麼都不會改變這個頻率。我們看到許多已經很厲害、很美、很帥的名人，他們對自己還是永遠都不滿意，因為不可能有覺得自己完美、對自己滿意的那一天——這就像是把GPS導航的目的地設在北方，人卻一直往南走。

我把木馬教練班上同學**在家裡囤積最多**的物品統計如下，並大致總結出可能中的木馬程式大數據供大家參考。所謂「囤積很多」的意思是指沒有必要的開銷，比方你一個人有五十多頂帽子，但你只有一顆頭；你有數百條項鍊，但你只有一個脖子；你有五大櫃以上的衣服，但你只有一個身體；你有超過百雙鞋，但你只有一雙腳；你有數十個戒指、上百只錶，但你只有一雙手；你有好幾櫃化妝品、保養品，但你只有一張臉；你有三、四部手機，但你最多也只能帶一、兩部出門……我指的是無法抗拒買這類物品的癮，那就是**最沒有安全感、最需要別人肯定**的地方，但這種內心自信破洞是怎

麼填都填不滿的，會給你造成很大的金錢負擔，或是讓你浪費太多時間在無謂的事情上。一個真正心靈富裕、有底氣的人不會在乎有幾件衣服，你會看到檯面上有幾個非常聰明的名人，就是那麼三、四件衣服在換而已，因為他們一點都不想花時間在買衣服、穿衣服、炫耀衣服，只為了得到別人幾分鐘的讚美，然後囤積衣服、再丟掉衣服這種無聊的事情上。

以下這幾類物品中你也有囤積的請打勾，看一下你是否也有這樣的木馬程式：

□化妝品、保養品、衣服、飾品
□書
□帽子
□玩偶、玩具、電玩、手遊
□手機
□鞋子
□保健品、營養品、過多的保險商品
□房子或土地

如果你勾選好了，可以參考以下的檢查表，看看自己中了哪幾類木馬。

- **過多化妝品、保養品、衣服、飾品**：覺得自己不夠好、不夠美，想要透過外在的美填補內在覺得自己不美的空虛，以為變美、變性感了才會有人愛。非常在意別人的看法，很容易被別人的意見或評價影響。

- **過多未看的書／未上的網路課程／報考各種學歷證照**：內在不夠有自信，覺得自己還不夠優秀、怕自己落後，有「想成為更好的自己」的焦慮，所以拚命買書、買課程、報考各種學歷或證照，卻不一定有時間應付得來。中了這種木馬的人，以為買了書、報名了課程、報考或取得學歷證照之後，就擁有了更優的知識、智慧，其實只是給自己虛假的安心，但後來沒把書看完、沒時間把課上完、沒把學歷完成或是沒取得證照反而會更焦慮——統計一下自己是買哪一類別的書、報哪一類的課程、學歷、證照最多，有可能就是自己主要的焦慮來源。例如：

  成功學：認為自己現在不成功、害怕自己未來不成功，這個**害怕**往往就是導致失敗的原因。

  理財、金錢：自己對金錢匱乏的焦慮木馬若沒解

除，錢怎麼進來就會怎麼出去；就算賺得再多，焦慮也不見得會解除，有些人甚至越想賺錢，債務反而越多。

- **過多帽子**：如果是買來想遮住自己，可能是怕被別人看到自己不夠好的那一面，或是不想被認得、不想被打擾；倘若是華麗誇張的帽子，可能有的人是怕被忽視、忽略，怕別人看不到自己，想讓自己高人一等。

  如果有「怕被忽視」的木馬，可以回溯原生家庭是否有以下這種情形：小時候哭鬧，父母若沒有理他，他會哭得更大聲，直到有人來關心他；長大後若這個模式不改，當他感覺又被忽略、忽視，就會以暴怒、生氣、指責，逼對方關注他、聆聽他。但他身邊的人已經不再是哭鬧必應的爸爸、媽媽，鬧久了，身邊的伴侶、朋友相繼離開，他會感到被拋棄，孤獨無依，這時只要身邊有誰關注他，他就會像個高齡大寶寶抓到新媽、新爸那樣，馬上開始新的依戀關係，然後又再次進入鬼循環。

- **過多名錶**：想買來彰顯自己獨特的品味與成就，潛意識可能有「想被關注、自我存在感不足，所以需要靠外在事物來證明自己」的木馬。

- **過多玩偶、玩具、電玩、手遊：**
  給自己：不想長大，想繼續可愛、討愛，或是想逃避現實，不願面對真實。
  給小孩：對自己沒法專心陪孩子，或是覺得自己對孩子還不夠好，有愧疚感，因而出現補償心理。

- **過多手機**：現有的手機還沒壞，但一有新款手機上市就想追買，這種人可能有的木馬是怕落後、怕跟不上潮流，或是內心孤獨，潛意識渴望人際溝通，不喜歡獨處。
  其實，根本沒有「寂寞」這種東西，只有不知道怎麼跟自己相處而已。所以，這種木馬的破解法就是：盡量學會獨處自立，讓自信地基恢復穩定。

- **過多鞋子**：想給別人一種特殊的印象，比方：
  球鞋：想讓別人看到自己很有運動感、行動力、

很有力量。如果是迷戀追買某款名人聯名的球鞋，可以檢查一下自己想從這個名人身上「得到什麼」，例如時尚感、優越感、權力感等等。

高跟鞋：想讓別人看到自己很優雅、性感、有魅力。

靴子：想要保護自己，或是給自己權威感。

- **過多保健品、營養品、保險商品**：對自己、家人的健康與生命安全有高度焦慮，而這些焦慮的頻率，往往才是造成生病或意外的原因。

- **過多名牌包**：想要對外炫耀自己是幸福的。我看過幾個「貴婦型」案例，她們對**有錢卻忙於工作鮮少在家**的老公很不放心，沒有安全感，於是無止境地瘋狂追買名牌包，潛意識想把老公的錢盡量花在自己身上，這樣他就不會亂搞；另一方面也用花錢來「潛意識」報復老公都不在家陪她。如果沒有錢會讓我們沒有安全感，就先找出自己有什麼才能可以變現；如果伴侶不在身邊會讓我們沒有安全感，就先讓自己專心獨處來恢復本自具足。

- **一直買房子或土地**：很沒有安全感，怕突然失去或無處可歸的生存危機，對金錢與情感都是。

只要還活在別人的眼光裡，自己就沒有空間完整。大家可以找時間好好打掃，邊清理邊省思自己中了哪些木馬，順便把別人的眼光也一起掃出你的心腦吧，不要再被困進他人眼光的牢籠中，繼續付出寶貴的人生時間與金錢代價，最後賠光了自己，也造成家庭關係緊張。多出來用不著的東西可以考慮以二手商品拍賣掉，或是捐給需要的人或家庭。清理完家中空間後，就提醒自己不要再犯舊木馬程式的癮，可為自己的未來省錢、省空間、省清理的時間。

除此之外，也找個空檔假期，把過去一年買了但還沒看的書、還沒上的網路課、收藏了但還沒看的文章、電影、影集，以及待完成的事慢慢消化完吧，只有對負向木馬斷捨離，跳出欲望的無底洞，心才不會焦慮！

16. 如果突然從超級首富變回原樣，你的感覺是什麼？你覺得這時候的自己會變成怎樣的人？

17. 如果突然從超級富豪變成「負」豪，你覺得自己是個怎樣的人？你覺得別人會認為你是個怎樣的人？

18. 如果突然從超級富豪變成「負」豪，你會想要盡快回到超級有錢的狀態嗎？

　　以上第16到18題，如果你的答案是「從**感覺好**到**感覺不好**」，表示你已經有了以金錢木馬建立的虛幻目標，就算達成了，也會有相應破口把你打回原形，甚至負債。就像許多突然大起大落的企業家，或是中了頭彩後錢很快花完、過得居然比以前更糟的人，那麼就要讓自己盡快清除金錢木馬程式。但如果你對上述問題的答案是「沒差別」，表示你目前比較沒有太大的金錢木馬程式。

　　這裡想特別提一下「**暴起暴落**」模組，也就是突然有錢、超級富有，卻又莫名瞬間負債，不論是投資失敗，或是借人錢對方不還，或是被騙，或是突然有一筆很大的開銷——簡單說就是這個人有金錢木馬破洞，所以錢來得快，從金錢木馬破洞漏出去得也快。這種狀況經常發生在有才華或有能力賺錢的人身上，因為他們潛意識或無意識覺得有錢會讓人不努力，所以當他們有

了很多錢，就會來一個**突發事件**讓他一無所有，甚至負債，他才有機會享受「東山再起」的激勵感，或是「我有能力瞬間還掉好幾億債務」的成就感，這樣的設定會讓自己一直處在「賺錢→沒錢→負債→再更努力賺錢來還錢」的惡性循環中。所以，請檢查一下自己是否有**「越挫越勇，屢戰屢敗：先要有挫敗，然後激起戰鬥欲與勇氣」**的木馬設定。

我之前成功幫好幾位有財務問題的學生找到**被原生家庭植入**的金錢木馬，並教他們如何**一念之轉**清除木馬設定，後來他們都在很短的時間內還清高額債務。最厲害的是一個從事服裝業的金同學，她在上完課、找到自己的金錢木馬後，短短兩個月就把千萬負債都還清了——唯有像這樣把金錢木馬清掉，才有可能早日達到財務自由，否則匱乏頻率很容易讓我們落入別人圈套或是金錢遊戲的控制。所以如果有債務、欠款，一定要以**最快速度清償債務**問題，才能早日填補金錢木馬破洞；但如果是房貸，只要你賺的錢可充裕支付就不在此限。

再次提醒：如果發現自己還有金錢木馬坑，請盡量不要跟人借錢或借別人錢；但如果別人家庭有急難需要錢，則可以量力捐助。

面對金錢與財務課題，你可以這樣做

如果你發現自己有錯誤的金錢方程式、金錢誤區所造成的金錢木馬破口，如下：

　　錢＝自信、自尊

　　錢＝成就

　　錢＝愛

　　錢＝安全感

　　錢＝夢想成真

　　請改寫出**反例**：

　　錢≠自信、自尊。舉例：＿＿＿＿＿＿＿＿＿＿＿＿

　　＿＿＿＿＿＿＿＿＿＿＿＿＿＿＿＿＿＿＿＿＿＿＿＿

　　錢≠成就。舉例：＿＿＿＿＿＿＿＿＿＿＿＿＿＿＿

　　＿＿＿＿＿＿＿＿＿＿＿＿＿＿＿＿＿＿＿＿＿＿＿＿

　　錢≠愛。舉例：＿＿＿＿＿＿＿＿＿＿＿＿＿＿＿＿＿

　　＿＿＿＿＿＿＿＿＿＿＿＿＿＿＿＿＿＿＿＿＿＿＿＿

　　錢≠安全感。舉例：＿＿＿＿＿＿＿＿＿＿＿＿＿＿

　　＿＿＿＿＿＿＿＿＿＿＿＿＿＿＿＿＿＿＿＿＿＿＿＿

　　錢≠夢想成真。舉例：＿＿＿＿＿＿＿＿＿＿＿＿＿

　　＿＿＿＿＿＿＿＿＿＿＿＿＿＿＿＿＿＿＿＿＿＿＿＿

寫完之後，我舉幾個案例來說明**錯誤的金錢方程式、金錢誤區**會造成哪些**金錢木馬破口**。

- **錢≠自信、自尊**：有的富豪很有錢，但取之無道，怕別人看不起他，於是開始狂花錢炫富，讓周圍的人拜金；等到沒錢了，他才會知道別人過去崇拜的是錢，而非他本人。還有另一個經典例子，是《魷魚遊戲》裡第一名考進首爾大學的天才曹尚佑，他從小就讓單親養大他的媽媽引以為傲，但他卻得背負「要非常棒且不能輸」「報喜不報憂」「不敢說實話」的壓力，這反而就是他的金錢木馬破口。

  「不敢說實話」的木馬破解方法是：反思一下，自己怕對誰說出什麼事？最怕讓誰生氣？自己到底怕失去什麼？那個怕失去的部分，就是自己匱乏頻率造成的隱形金錢破口，要想辦法回填防漏。

- **錢≠成就**：有些人的錢是家人給的，所以內心很難認同這些錢＝自己的成就。這也是一些富二代會亂花錢的原因，因為他沒法透過「賺錢」建立「成就感」，於是就透過「花錢」建立「虛假的、

原生家庭木馬快篩

別人看得到的優越感」。

- **錢≠影響力**：有些人有了富可敵國的財富後卻不滿足，他想要「影響後代子孫、名留青史」，於是就捧著錢到處去找能讓他瞬間全球知名的計畫、項目，例如蓋建築，特別是要有地標性（如學校、摩天大樓、大橋等等）、能被大家仰望大樓上他的名字的建築；或是以自己名義成立慈善基金會，讓大家知道自己在做善事；或是拍一部自己的傳記紀錄片，或是以自己為出品人拍一部得獎的影片──《瘋狂競賽片》（*Official Competition*）就是很棒的案例電影。但錢只能買到虛名，買不到真正源於自己、由裡而外的影響力。

- **錢≠愛**：有些夫妻就算貧病也依然相愛，有些夫妻即使住在奢華豪宅中也會天天吵架，亂花錢、摔名貴碗盤、外遇來洩憤報復。所以，錢跟愛並不直接相關。但如果被「貧賤夫妻百事哀」這句話種下「恐懼貧窮」的印記，反而會讓人以金錢、贈禮價值和財富來衡量愛的多寡，很容易掉進「愛」的木馬誤區。

關於**錢≠愛**，Netfilx 紀錄片《Tinder 大騙徒》就是真人實事的經典教材：西蒙‧利維耶夫（Simon Leviev）以私人飛機、奢華美食、跨國旅行，以及「我愛妳，我要與妳共度一生」的甜言蜜語，在交友軟體 Tinder 上吸引了許多女生跟他交往，然後他再向她們借錢，導致多名女子負債的案例。

• **錢≠安全感**：之前提到的《Gucci：豪門謀殺案》就是最好的案例。

• **錢≠夢想成真**：有的人努力賺錢存錢，是為了想要「環遊世界」，但倘若忙累到把自己的健康搞垮，躺在病床上養病也無法夢想成真，後來的錢與時間只好都交給醫院。

所以，和這些金錢木馬脫勾最好的方式是去思考：如果不需要靠誰的錢或資源，我可以怎麼靠自己的才華、才能來完成夢想？

此外，在還沒處理完金錢木馬之前，請記得以下**保**

命保本的守則：

1. 不要借錢給別人，或是盡量不要向人借錢，因為還有金錢缺口／弱點時，別人很容易趁虛而入。

2. 不要想賺快錢／賭博／高利投資，急躁就是踩坑漏財的破口。

3. 如果很會亂花錢，錢一進來就只留生活必需金，其他的請第一時間存放在「只有你知道，不讓任何人知道」的祕密帳戶，就算保本保息，也不要放在有風險的投資，因為你的金錢破口還在；最重要的是，這個帳戶不要有提款卡，也請關閉網路轉帳功能。我十八歲時發現自己有金錢木馬破口，就設了一個「只進不出」的帳戶，不做任何有風險的投資，頂多就是保本保息。此外，我在《人類大疫考》書中提到如何建立「防金錢木馬漏財的財務安全金字塔」，特別是還有金錢課題或負債者，要想辦法在第一時間把金錢木馬坑洞補好、還清債務，然後開始一層一層建立不同階段、不同等級的財務自由水位。我們可以這樣比喻：外在氣候變化多端、下雨量不穩定的狀況下，先把水庫建好、存好一年以上的足夠生活用水，然後就能安心生活與種植，這也是讓自己從

焦慮逐漸轉為安心頻率的穩紮穩打方法，大家可以詳細研究與安排。

以上這十八條抓出核心金錢木馬的問句，我稱為「**金錢的降魔十八掌**」。基本上，這十八個問句可以抓出百分之八十以上的金錢木馬，只要你隨時覺察，就可以決定是要放木馬走，或是聰明駕馭它，而不是被木馬拖著，疲於奔命一輩子。

原生家庭木馬快篩

第三章之五

疾病、意外、生死課題相關案例

　　哀傷、批判、憤怒、懷疑等情緒，是生病的開始。當被植入了「我不健康」的信念後，很容易為自己的身心創造很多問題，甚至是疾病或意外，其背後都藏著我們必須面對的重要課題——只要深入研究這些是源自**原生家庭哪些負向頻率**，導致身心產生這樣的反應結果，了解這個疾病或意外為什麼會出現在這個時候、這個地

方？它的出現是想要教會自己什麼？雖然相同症狀背後的原因可能不大一樣，但看清楚之後就有機會修正源頭頻率設定，釋放並更換頻率，進而從課題中學習，不再為自己的身心創造後續問題。

這些相關概念，可以參考許瑞云與鄭先安醫師合著的《心念自癒力》、尹娜・西格兒（Inna Segal）的《身體的祕密語言》（*The Secret Language of Your Body*）、世界知名細胞生物學家布魯斯・立普頓（Bruce Lipton）《信念的力量》（*The Biology of Belief*）演講影片、《死過一次才學會愛》（*Dying to Be Me*）作者艾妮塔・穆札尼（Anita Moorjani）談她瀕死經驗之後領悟了些什麼的影片，以及露易絲・賀（Louise Hay）在《治癒你的身體》（*Heal Your Body*）書中「疾病的隱喻表格」指出某些特有情緒，例如批判、憤怒、排斥等，是最大的致病原因，書中亦整理出心理問題癥結所產生的一〇六種症狀，以及治療這些疾病應有的正確意識與心態——這些書與影片讓我們更懂得「疾病的啟示」。

過去人們總以為「基因」決定了我們的健康，但現在對健康必須有新的概念：我們的信念對身心健康影響很大，因為信念是能量，也是訊息頻率，日以繼夜不停地對我們的身體細胞產生影響，所以，我們要對自己的

原生家庭木馬快篩

身心健康拿回、並負起百分之百的責任。

從原生家庭搜出影響健康的負向印記

該怎麼清除影響自己身心的不當信念呢？請花一點時間，回答以下兩個問題。

1. 請列出你的身心過去發生過，或是現在的主要問題，然後試著分析可能是源自原生家庭或年幼的哪一個經驗。並試想，如果這樣的木馬頻率不改變，自己將來可能會發生什麼樣的狀況？
2. 身邊的家人、親戚或友人發生過什麼樣的身心疾病或意外，讓你印象最深刻？試著分析深層的木馬原因。

以下是我針對上述兩個問題做的深度解析：

目前身心顯現出來的問題，就像是突然浮出水面的冰山一角，一定是平常忽略已久而沒妥善處理，每一個身心疾病背後，都是一條直連原生家庭木馬課題的線索。我想跟大家分享幾位來找我做過木馬個案的**極特殊案例**（已匿名處理，以保障個人隱私），另外有些則

是透過相關電影與紀錄片的內容，整理出方法（非結論），做為你們破解自己身心健康木馬的參考。

　　以下內容不觸及醫學治療領域，**純粹以個案的病痛為線索，來搜尋可能還藏在他們潛意識或無意識裡的原生家庭木馬問題，重點在於破除原生家庭的負向木馬印記，使其不繼續在未來人生中創造更多問題，而非提供醫療方法**，就像如果有一個人老是走路不看路，栽進路坑摔傷，藉由療傷搜查到核心木馬問題後，對現在的傷勢不一定有用，但會讓他以後**避免、減少或消除**同樣模式的傷有正面的意義。

　　雖然有不少案例的病情在找到木馬後突然有了奇蹟式的轉變，但那可能是因為他們當時接受的醫療方式有效，也可能是他們有很大的決心和意願想要改變，至少已經找到核心木馬的他／她們知道該如何精準調整，而且是在身心還可以改變的狀態下完成了「量子跳躍般的奇蹟」，特此說明之。

1.帕金森氏症

　　有一位帕金森氏症的個案來找我，她是一名國小老師，來的時候手腳與身體扭曲不協調，語言表達也有困難。我問她：「小時候原生家庭裡的父親或母親，是否有

誰曾對妳過分嚴格地要求？」她說，有，小時候父親對她特別嚴格，把她當成男孩子在管教，做錯事或成績不好總是會被嚴厲處罰，所以她從小就得戰戰兢兢、自律甚嚴，很怕出錯被罵，只要考試沒有滿分，或做得不夠完美就會苛責自己；長大後成為國小老師，她對學生也是嚴格要求。後來不知為何，她突然開始無法控制自己的四肢身體、顏面表情、語言表達，病情越來越嚴重，去醫院做了檢查與治療也不見起色。我觀察她說話的時候很著急，走路也是，便跟她說：「我有觀察到，妳越不能**控制**身體，就越著急，講話就會越結結巴巴。」她說：「是……啊……！我……越……不……能……控……制……自……己，就……越……緊……張……慌……張，我……也……怕……這……樣……說……話……別……人……會……聽……不……懂……」

三步驟破解木馬程式

1・**頭尾數相連：**

現況「帕金森氏症」（失控）

＋

原生家庭最初的負向印記

＝共同關鍵字：**控制**

2・頭尾第二數相連：

現況之前「對學生嚴格」

$+$

原生家庭之後「對自己嚴格」

＝共同關鍵字：**控制**

3・整理出方程式：高度控制→身體失控做為反
撲、自救與自省機會

- **我給她的建議**：「控制，是怕失控後被別人看到自
己不夠好的地方。過去父親的嚴格，讓妳內化成
嚴格管控自己身心，不允許自己出錯，這不是正
常對待生命自然流動的方式，而是機器創造『良
率』貨品的概念。

「**最大的放下，就是放過自己**，我們來調整一下
好嗎？把頭腦的控制鍵關掉，從現在起讓身體接
管，妳要全然信任身體，先感覺身體想要怎樣，
妳就配合──它慢妳就慢，它想停妳就停；說話
也是，先感覺自己內心真正想說什麼，想清楚
哪些字確定是妳要說的，然後不要急，深呼吸，
有耐心地一個字、一個字慢慢說，這樣會比妳焦
急說話更能讓人聽得懂。把自己當成禪師般，盡
量減少說話，帶著覺知放慢生活節奏，緩慢地行

走……」

於是她在我面前，試著一個字、一個字慢慢地說，並練習放緩腳步，極慢地行走。她說這樣做，就不會感到越來越慌張、甚至跌倒。

我說：「太好了，身體就是妳最好的禪師。」

2. 阿茲海默症

近期有越來越多電影以阿茲海默症（因腦部神經細胞受到破壞，出現記憶力衰退、認知功能障礙等問題）為議題，例如《我想念我自己》（*Still Alice*）、《永遠的我們》（*Supernova*）、《父親》（*The Father*）、《我變笨了，請多多指教》（*I Go GaGa, My Dear*）、《人生無限露營車》（*The Leisure Seeker*）、《明日的記憶》（*Memories of Tomorrow*）、《腦海中的橡皮擦》（*A Moment to Remember*）、《愛，無盡》（*Still Mine*）、《被遺忘的時光》（*The Long Goodbye*）、《如蝶翩翩》（*Navillera*）、《當愛沉睡時》（*Butterfly Sleep*）、《長路將盡》（*Iris*）、《漩渦》（*Vortex*）。而《父親》和《漩渦》等電影以阿茲海默症病人的角度看世界，有助於我們理解他們的視角與現實世界有怎樣的誤差、落差。

我的祖母也是阿茲海默症，除掉病理原因，若從意識層面來看，她過去有喪夫後要獨自養大七個小孩的生

存壓力，完全沒有時間療傷——如果把大腦比喻成一部電腦，有一大片創傷因壓抑而被屏蔽，久了那一塊區域就封死了，大腦要健忘才能保全自己，不再碰觸創傷，這也算是一種自救的保護機制。在電影《父親》中，男主角經歷了喪女之痛，導致他的記憶、時空順序、人物辨認全出現問題，經常把家中另一個女兒看成逝去的那位，也是一種心理代償。

其實從靈性的角度來看阿茲海默症，當事人慢慢喪失自我認知，就像是「小我」慢慢死亡，也像是電影《班傑明的奇幻旅程》(*The Curious Case of Benjamin Button*)那樣，人生漸漸逆轉回嬰兒時期，真正面臨考驗的其實是身邊要照護病人的家人，得全天候看著以防他們走失找不到回家的路，以及他們經常忘了自己哪些東西放到哪裡去的暴怒或猜疑，除非請二十四小時看護或送到療養所，否則家人的精神壓力會很大，看護的費用更是沉重負擔，這對於照顧他們的家人或伴侶而言，考驗的議題就是「不離不棄，無條件的愛」。所以，讓自己不痛苦的方法就是把他們當成孩子或嬰兒，但要逆著時序：我們對嬰孩是期待他們進步，但阿茲海默症的他們是倒退的，你要讓自己學會放下「控制」，放下「想要他們改善、變好、恢復原狀」的期待，因為永遠都有當下的

原生家庭木馬快篩

全新課題，也正好學習以「愛的本貌」而非以「過去的記憶」來與他們相處。

如果家人有阿茲海默症，最重要的是調整自己的心態。倘若還在早期，可以協助他們療癒過去心裡的創傷；但如果病況已無法逆轉，就請視為生命必修課，只要他們有哪些事讓你不開心，比方尿床、失憶、走丟，你可以把他們當做是你的孩子，或許你小時候也是這麼被耐心照顧的。

這也提醒我們：若自己、家人或友人還有過去巨大創傷或驚嚇，請不要刻意選擇遺忘，而是要勇敢面對、深度療癒，並以智慧與愛化解。只要沒有了**害怕再想起、再提起**的過去，並讓腦與心保持樂觀、健康、活力，就能降低阿茲海默症、失智或失憶的潛因和風險。

3. 漸凍症

根據漸凍人官網的定義：肌萎縮性脊髓側索硬化症（ALS）是成人常見的運動神經元疾病，又名「漸凍症」，病患的脊髓、腦幹、大腦運動皮質區的運動神經元漸進性退化，引起全身肌肉萎縮和無力，而導致疾病末期的全身癱瘓、呼吸衰竭和死亡。

如果說阿茲海默症為照顧者帶來很大的難題，那

麼漸凍症對當事人的考驗更大，因為他／她是逐漸「失能」，最終到達「死亡」狀態，有些是遺傳基因所致，也有的是重金屬中毒造成的結果。最有名的漸凍人就是物理學家史蒂芬・霍金，漸凍症相關電影則有《愛的萬物論》（*The Theory of Everything*）、《漸動人生》（*You're Not You*）、《一公升的眼淚》（*Ichi ritoru no namida* ／１リットルの涙）、《我的愛在我身邊》（*Stay with Me, My Love* ／내사랑내곁에）等。

　　如果死亡是每個人必然的終點，有人透過疾病、意外或猝死抵達終點，但漸凍人拉長了「死亡」的時間，在靈性層面上其實是更「精微體驗與覺察死亡」的修行過程，透過慢慢且逐漸地「失去」，讓自己漸漸放掉對身體的執著，也等於是透過「越來越不自由」的身體，來修練越來越自由解脫的心靈。

4. 中風

　　中風是因為腦血管阻塞或破裂，以致腦部組織受到壓迫，得不到足夠的血液灌流而機能受損或壞死，造成身體功能失調，例如半身不遂或言語失常等。最有名的案例就是哈佛大學腦科學家吉兒・泰勒（Jill Bolte Taylor）在一九九六年突然左腦中風，憑藉自己對大腦

的了解，以右腦解救了左腦，甚至讓自己奇蹟似地完全復原，還開發出右腦的潛能，達到安詳平和的涅槃境界，她的《奇蹟》（*My Stroke of Insight*）一書與在 TED 的演講《你腦內的兩個世界》，影響了全球。

如果有腦血管或心血管疾病家族史，或是家族裡有人中風，就要特別注意是否有工作過勞、高血壓、飲食油膩、高血脂、糖尿病、心臟病、頸動脈硬化、缺乏運動、抽菸、喝酒等狀況，並回頭檢查自己，徹底改善這些危險的誘發因素。

我有個學生突發性中風，導致半邊的手失靈。我看過的個案中，除去業力課題的因素之外，不少中風患者都跟高壓工作狂有關。如果這是自保機制，那就是身體平時已經給了很多「過勞需休息」的警訊，卻一直被忽略，只好先讓身體部分區域（通常就是會影響工作的那個部位）強制休眠或關機。建議把身心健康與休息放在日程排序的第一位，確保睡眠充足、心情愉快、健康飲食，無論再忙，每週都必須有足夠的運動時間，每年至少做一次詳細的健康檢查，這樣就不會讓自己賺的錢，以後都得送給醫院和醫生。

5.智能遲滯、智能障礙、智能不足

二〇二一年，有個母親帶了十八歲的大女孩來找我聊，她一出生就被醫生判定有嚴重的基因缺陷，導致智力發展遲緩，語言表達也有問題。我從側面觀察她媽媽經常使喚她做這做那，可以初步判斷她媽媽很強勢。

於是我請媽媽先離開現場，讓我先跟這個女孩私聊。她的反應雖然慢一些，但還算是能安定下來專心做事，只是因為她已經被制約成「每件事都得經過媽媽同意」，有嚴重的自信心不足問題。

我問她：「妳平常最喜歡做什麼？」她說：「畫畫。」我再問她：「妳畫畫時，要畫什麼主題、用什麼顏色，每一次都需要問媽媽嗎？」她說：「不用耶！」我說：「那非常好。妳已經十八歲了，之後要開始學會每件事自己做決定，就像妳畫畫時的那種自信，盡量不要再去問媽媽，可以嗎？」她很驚訝地說：「真的嗎？我真的可以嗎？」

我告訴她：「是的，妳完全可以！」

後來她跟我說，她以畫畫時的自信，來幫自己生活中的大小事做決定，感覺真的很棒。我說：「是的，妳已經完全可以獨立，請好好活出妳自由自主的人生吧！」

跟女孩聊完後，我也跟媽媽私聊。我問她：「妳在懷她時，有發生什麼事嗎？」其實我心裡想問的是「妳有沒有曾經想墮胎」，但因為怕影響她的回答，就沒說出來。後來她果然答道：「有，懷孕時發現先生外遇，所以很猶豫要不要把肚裡的胎兒拿掉……」

　　這跟我的初判是一致的：**母親有想要人工流產的念頭→胎兒感受到生存恐懼**（不知道自己能否順利被生下來）**→可能因此導致胎兒發育不全**。所以我向她解釋：「如果妳是胎兒，妳在媽媽肚子裡感受到可能會被拿掉，會不會覺得生存受到威脅？這個恐懼的頻率當然會嚴重影響發育，所以請盡量不要再給她『生存焦慮』的負向印記了，也不要因為妳**害怕她無法生存**而一直幫她做決定，這樣她永遠無法學會自立生活，而且她將來也會因為這木馬模組，很容易吸引到**強勢否定她**的人事物。如果她願意，而且也準備好了，妳要開始放手，讓她每週可以去住校幾天，直到她完全獨立為止。」

　　如果有人在家族史的訪談中，發現自己曾經在母胎裡有過「可能被拿掉」的生存危機，要盡快找時間讓自己深度療癒「不配活、不值得活、可能活不了」的恐懼印記，以免造成生命自信地基脆弱崩塌。

6. 自律神經失調導致的失眠

　　腦中有戲，內心難靜——近幾年我身邊有不少學生或好友都有失眠的困擾，有些是自律神經失調引起的。自律神經失調是現在很多工作焦慮的人常有的亞健康狀態，也是身體的警鐘，如果導致失眠，表示就算想「逼」身體睡覺，可是身體需要「放鬆」才能睡，於是透過「失眠」提醒我們要放掉「控制」，改變自己的「高壓焦慮」狀態。

　　可以在晚上洗澡、沖澡或泡澡時，讓心腦壓力與重擔，透過**想像**自己在充滿淨化之光的溫暖水瀑裡，沖刷掉自己的舊細胞及沉重的情緒印記；然後進房睡覺前，想像把自己叨叨絮絮的頭拔起來、關機，將包袱卸除放在門外，也把自己的姓名、身分、角色等如同脫掉外衣般整件放在臥房外，只帶一個無煩「腦」的身體上床睡覺。如果躺在床上還有念頭，就提醒自己，腦已經關機放在門外，並觀察自己下一個還會跑出來的念頭是什

140　　　　　　　　　　　　　　　　　　　原生家庭木馬快篩

麼？只要透過觀察，念頭投影機就會自動關閉。

接著想像自己像一片羽毛那樣輕盈，無事一身輕地飄到床上；想像床就是自己的回春聖殿，透過一夜好眠，重新恢復到七歲時年輕版的自己。

此外，讓身體做主，累了就去休息或睡覺，盡量睡到自然醒，醒來了就做點事，不累就不要勉強自己去睡，盡可能不讓自己的焦慮「控制」影響了生理時鐘。先還給身體百分百的自主權，至少實驗七天看看。還有一個隨時調頻的方法：每一次呼吸時，都把吸氣當成是剛出娘胎的第一口空氣，吸飽吸滿，吸到頭頂及全身，然後讓氣暫停在全身的每個細胞；吐氣時則當成人生最後一口氣，把所有的重擔壓力、焦慮擔憂全都一次吐盡，讓自己釋放淨空，恢復原廠設定，並隨時化緊張為覺知、化焦慮為寧靜、化恐懼為力量，來調和自律神經。

7.猝睡症、強直性麻痺

以下是我在某一年夏天巡講時，與學生G的對話。

G：「想請問老師，我有經常無預警睡著的狀況，造成生活上的困擾，看了無數個醫生，始終

無法解決這個問題。請問我可能藏有什麼木馬？我該怎麼辦？」

我：「請問你最早發生這種狀況是何時？」

G：「我印象中第一次突然睡著，大約是在國小三年級的時候。」

我：「國小三年級時，你印象中發生過什麼讓你感到驚嚇或害怕的事嗎？」

G：「我對國小時期發生過什麼好像沒太多印象……如果硬要去想，可能是在國小三年級時，但我忘了是發生什麼事，我的老師突然對我大吼，然後我就突然昏睡了……」

我：「我不確定你這種狀況是不是『猝睡症』，這需要由專科醫師來做詳細檢查、判讀，以及後續治療。但我們可以同步試試『找出木馬病因，然後調整』的方法，如果透過這個『離奇』的病，能成功循線快篩到核心木馬程式，雖然不一定會在猝睡方面有改善的效果，但至少我們就有機會精準調整，讓這個木馬不再繼續影響你的未來。

「試著旁觀分析一下，當你突然遇到『驚嚇』卻不知道如何反應，身體就會以『突然昏

睡』來逃避繼續被驚嚇，結果建立了『**被驚嚇→昏睡→中止繼續被驚嚇**』的反應程式。你可以試著做『改寫驚嚇反應方程式』的練習：把你過去發生的類似狀況（最好能回溯到原生家庭時期）都寫下來，然後以非常放鬆的狀態，播放讓自己舒緩安心的音樂，並想像一下，如果現在的你坐時光機回到當時，重臨那時候的驚嚇狀態，你可以怎麼『更換』反應，讓自己不需要再透過『突然昏睡』來應對？把過去每一次『驚嚇→昏睡』的狀況，都擬真地**替換成新的反應方式**，而且連續練習至少二十一天，因為想要以**新的行為**改變腦神經連結迴路，至少需要重複執行二十一天，甚至更久，才會變成習慣的迴路；最好能連續三個月不中斷，讓自己學會下一次再遇到類『驚嚇』狀況時，可以有**新的反應方式**：無懼而冷靜地面對。」

一篇名為〈為何有時候人會被嚇傻！大腦一片空白身體動彈不了？〉的文章提到（摘要）：「有人被嚇到時會全身『定住』動不了，完全不知道去反抗或逃跑，

這種應急機制是無法控制的，就叫做**強直性麻痺**（tonic immobility）。那是因為身體一下子接受到大量令人毛骨悚然的訊息（如氣味、觸摸），大腦會進入低耗能休眠模式，並產生許多鴉片類物質來麻痺自己，使自己感覺不到疼痛和害怕……在動物界，身體一動也不動地和環境融為一體，讓敵人不容易發現自己，這樣可以帶來一線生機；有些動物在被抓到後掙扎一段時間，如果發現無法逃脫，就會進入**強直性麻痺**狀態，因為許多掠食動物不喜歡吃死掉的食物。」所以這個看似挺危險的身體反應，原來可以是在**臨危時刻用來保護自己**的機制。但如果因「過度擴大認定危機的定義」造成生活上的困擾，就可以試試透過「解除原木馬設定，重新改寫定義與反應方式」來調整。

8. 視力弱化

有個女學生在下課時過來問我，她的視力逐年下降，去醫院檢查視力也沒找到原因，她該怎麼從這個現象破解木馬？

我問她：「小時候發生過什麼事，讓妳感覺很不堪入目？」

她想了一下，說：「我記得小時候，有一次提早放

學回家，不小心撞見爸爸跟別的女人偷情……」她小時候**看見**自己**無法接受**的突發事件時，如果沒有調整回「健康」的認知狀態，視力也有可能跟這件事有關──潛意識不想再看見什麼，於是慢慢削弱了自己的視力。

另外一個例子也很特別，有個男學生也有類似的狀況：視力逐年下降，去醫院檢查也沒發現有什麼大問題。他問我該怎麼破解木馬，我問他：「你平常有在修行嗎？」他說：「有！」我繼續問：「你覺得如果視力消失了，會對修行有什麼影響？」他說：「這樣就能更專心修行……」他一講完，驚訝於自己的答案後就懂了。我說：「誰說『眼盲』才能看到內在真相？視力清楚一樣也可以修行，但你潛意識或無意識讓視力減弱，以符合你的錯誤設定……你現在發現『視力變弱』的可能木馬原因之後，可以重新決定：究竟要讓視力恢復，還是繼續變差？」

9.聽力問題

耳朵方面，我有些學生是中耳炎，有的是耳鳴、重聽的問題，還有些是耳朵有異物造成發炎。除了病理原因之外，我通常會問的「搜木馬」問題是：**你最不想聽到誰的聲音？**

有個中耳炎嚴重到要動手術的同學，她的回答是：
「不想聽到媽媽對爸爸的抱怨。」但她不知道該怎麼
做，而當聽力開始弱化，她能聽到的抱怨真的也就越來
越弱。還有另一個例子是在臺北課堂上，有個男同學舉
手說自己右耳聽力下降，但怎麼檢查都查不出原因。
我問他：「你最不想聽到誰嘮叨？」他很不好意思地小
聲說道：「我太太。」原來他太太也在課堂上。我繼續
問：「她通常在你的那隻耳朵邊嘮叨呢？」他想了想，
驚訝地說：「右耳耶！」我繼續問全班同學：「在你們的
經驗中，通常是老先生還是老太太比較容易重聽？」大
部分同學異口同聲地回答：「老先生。」

　　如果想要避免這樣的狀況發生，其實雙方都要改變
溝通模式。當有一方一直嘮叨，有可能是覺得對方沒有
認真在聽，或是「講不聽」，所以改善的方法就是：當
對方又在嘮叨碎碎念時，就算你再怎麼不想聽，也不要
以沉默、冷漠的方式逃避，否則對方會一直嘮叨碎念到
「她／他覺得成功」為止。**你要想辦法讓對方覺得你有
在聽**，看著對方的眼睛，非常認真地聽她／他到底要說
什麼，然後好好溝通，有意見就以**對方能接受**的方式表
達出來，只要雙方坦誠達成協議，然後你再**複述一遍**讓
對方知道你有聽進去，就有機會中止「**嘮叨碎念vs不想**

聽」的鬼打牆迴圈，也就能減少一方被導致「重聽」，另一方被引發「頸部／喉輪部位」問題的機率。建議大家可以先從雙方的「原生家庭溝通模式」開始破解木馬，也可同步參考《我想跟你好好說話：賴佩霞的六堂「非暴力溝通」入門課》、金惟純的《活學》，不要讓「不良的溝通方式」為彼此創造身心問題。

還有個同學問，她經常耳鳴，找過醫生檢查也查不出原因，所以想知道自己可能是被哪一類木馬卡住。我問她：「妳的原生家庭或身邊是不是經常有人給妳意見，而且不只一位？」她說：「是的，有時是爸爸，有時是媽媽，哥哥姊姊也經常會給我各種意見、指正⋯⋯」我問：「那妳有認真聽自己內心真正的聲音嗎？」她想了想，說：「沒有！」我告訴她：「或許『耳鳴』就是在提醒妳，要聽自己的聲音！」

10. 喉部問題

剛才提到「**嘮叨碎念vs不想聽**」模組，如果有一方「嘮叨碎念」卻還是溝通不良，也很容易在喉輪能量上出現障礙。有喉部問題的人，或許可以循線找出核心木馬，如果能從原生家庭或三代家族史破解，那就更究竟了。

之前我上過一位英國老師的課，班上有個同學說他喉嚨經常腫大，切了腫塊又再長，切了又切，卻始終找不到原因，也無法根治。當場我們都看得出來他喉嚨腫得挺嚴重的，老師便問他小時候是否曾對誰不滿卻沒表達出來？

　　同學想了想：「爸爸，以前他經常打我，很痛！」

　　老師繼續問：「你有告訴過他嗎？」

　　同學：「沒有。」

　　老師：「為什麼？」

　　同學：「因為爸爸老了，講這個也沒意義……」

　　老師：「無論如何，你今天都要跟他說你當時的感受，打電話也行。」

　　同學：「不要啦……」（看得出來這個同學很抗拒。）

　　老師：「如果你不跟你爸爸說，明天就不必來上課了……」

　　說也奇怪，第二天一早這個同學來上課時，他的喉嚨居然非常明顯地消腫了很多。前一天晚上他真的有打電話給他爸爸——因為親眼見證了這個案例的神奇，我就把這方法用在一次與好友的對談中：有一次，好友帶著兒子來找我，說：「我兒子很乖，但問題就是『太乖

了』，都已經是大學生了，卻什麼都要來問我，他也不知道自己將來要做什麼……妳可以指點指點他嗎？」後來我請好友離開，讓我跟這個大學生私聊。

我：「關於你媽媽，你印象最深刻的事是什麼？」

他：「小時候，有一次與媽媽一起跟團旅行，導遊在解說一個地方的歷史故事時，我發現他講錯了，我當場糾正他，結果我媽當著全團人的面斥責我……從此我就不想再表達自己的意見，反正說出來一定會被罵……」

我：「你能不能試著以想像力回到現場，用新的角度來看當時的媽媽，看她那時為什麼要罵你？然後把時間往前推幾天，她可能發生了什麼事，導致她脾氣不好或心情不好？」

他：「喔……我記得那時出門旅行前，媽媽跟爸爸大吵一架……好像是爸爸糾正了媽媽什麼事，把媽媽惹怒了……」

我：「所以媽媽可能是把『當孩子的面被糾正』的氣，出在『當大家的面糾正導遊』的你身上。但是，你有必要把這件事變成『從此不想再表達自己的意見，反正說出來一定會被罵』的終身印記與制約嗎？你能否找時間跟

媽媽聊聊這段往事？跟她說這件事對你造成的感受與影響，看看她怎麼說……」

幾天後，他發簡訊告訴我：「昨天我跟媽媽說了，她很驚訝，說她完全不記得這件事……我終於明白，這麼多年，我一直以媽媽那時的情緒生成『恐懼』木馬來綁自己，謝謝妳幫我發現它。」

此外，我的人類木馬程式教練班學生跟我分享了她家人的案例：她爺爺和舅舅都是死於食道癌，兩人的共同點是倔強、刀子嘴豆腐心、不懂人情世故、人際關係差……他們去世時，嘴裡都有咳不出來的黏痰；當她上完人類木馬程式課的「健康篇」後，發現自己喉嚨也有「黏痰」問題，於是她在三代家族史的作業中找到「自己面對嚴厲的父親，不敢說出內心真正想說的話」，喉嚨被**害怕、恐懼**的頻率卡住──這讓我想到在紀錄片《63 Up》中，主角之一的尼克（Nick）一心想做的研究被迫終止，就像被人掐住喉嚨一樣，沒有什麼生存動力，後來患了喉癌的「巧合」。

把悶在心裡的委屈說出來是勇氣，自己解開不平衡的心結是智慧。如果發現有喉部問題，無論是甲狀腺結節、甲狀腺機能亢進、甲狀腺癌、咽喉炎、下巴後縮，或是擴大範圍到舌癌、口腔癌等，都可以循線搜查一下

自己是否對誰有「難言之隱、忍氣吞聲、噤口不言如害啞」的木馬程式？或者，還有一種常見的「怕衝突」木馬，最怕別人生氣或吵架，總想趕緊平息爭吵，以至於自己真正想表達的都不敢說出來，這也是相同的課題。

請勇敢表達自己想說的、向對方說出來，一方面讓自己的喉輪能量暢通，不把對方的木馬迎進自己生命裡，另一方面也讓對方有機會彌補與道歉，只要彼此帶著愛的頻率，真心誠意地「有話好好說」，雙方應該都會有新的解方與更好的關係。

11.牙病、骨質疏鬆

除了可被檢查出來的病理原因之外，透過深思牙痛或牙齒相關問題，也可循線領悟身體想提醒我們：還有什麼人生課題未面對、未解決嗎？除了《健康，從齒開始：指出你想都沒想過的牙齒未爆彈》作者陳立川博士提過的「每一顆牙都有其對應器官」概念之外，牙齒也與自信有關，若自我存在的信心地基不穩，有時也會透過「牙」的問題（蛀牙、牙齦萎縮、牙周病等）來提醒。

此外，「骨質疏鬆」也有與「牙」類似的木馬課題，往往內藏「生命力、自信心的骨架」支撐不了的狀況，潛意識非常需要家人、友人的愛與支持。

12. 呼吸系統相關疾病（過敏性鼻炎、肺炎、氣管炎、咳嗽、感冒、上呼吸道感染）

　　無論我們信不信任空氣都得呼吸，所以如果發生與呼吸系統相關的疾病，可以想一下，自己有沒有關於「信任」的生命課題，例如「不信任別人」，或是「不信任自己」？

　　前陣子我遇到一個很特別的個案，她說她一年內通常會感冒很多次，只要同一空間有人咳嗽，她就會被傳染，而且都會發燒。後來追溯到她小時候爸媽經常跟她說，只要是重要的課，就算生病也得去，但不重要的課就可以請假回家——說也奇怪，早上的數學課、英文課，她的病情都不會太嚴重，但到了下午的體育課就會開始發高燒；等到畢業後去公司上班，只要遇到工作壓力大，她就算再怎麼不舒服，身體也一定會撐過公司重要的提報會議後才開始發燒。我跟她說：「妳的健康比學業、工作都重要，妳現在可以將設定改為『健康最重要』，否則身體只好沉默抗議，以感冒或發燒來逼妳休息。」

　　這也是為何有些人總會在重要時刻，例如考試、面試、公司提報、公開演講、演唱會、作品發表會、股東大會之前生病（有些是透過「不可抗力」事件），潛意

識逃避壓力也算是身體的自保機制。也有些小孩會透過「突然生病」讓正在爭吵的父母停止吵架，或是想要得到「忙於盯著電腦或手機工作」的父母關注。做父母的不必一直追著孩子的病情忙得疲於奔命，而是可以用心探尋孩子到底要「透過生病」來達到什麼目的，這才能治本，而不只是治標而已。

13. 皮膚病

　　皮膚是我們與外在世界最大的介面。除了病理原因，如日照過強、季節變化、蚊蟲叮咬、外傷、接觸性感染、過敏、毛囊發炎、內分泌失調、免疫功能缺乏、神經系統病變、壓力過大或疲勞引發的帶狀疱疹之外，如果對自己、周圍的人或這個世界懷有憤怒、恐懼、不信任、厭惡、排斥等情緒，皮膚也會有反應，就像鏡子一樣映照出來，相由心生。

　　電影《天堂在405號公路塞車》裡，女藝術家明迪・艾波說她怕染上蝨子，也怕把蝨子傳給別人，更擔心自己身上的毒感染到人，害他們生病或死亡。她這些憂慮的起因之一就是從小媽媽不怎麼抱她，讓她感覺媽媽不愛她，於是內化成「自己不值得被愛」，也害怕別人不愛她，所以她有皮膚病的困擾。

在我的某一堂線下課中還有個特別案例：有個男同學舉手問道：「不知為何，我的皮膚只要碰到金屬的東西就會過敏、脫皮，無論是金屬眼鏡、手錶、皮帶金屬扣環等等。看過很多醫生，但這問題始終無法解決，請問我可以怎麼循線找到自己的木馬程式？」

當他講完這個問題，說也奇怪，我腦中浮現出「一群身上都是金屬鎖鍊的奴隸們在拚命跑」的畫面，所以我問他：「你是不是自我要求很嚴格，很多事都想爭第一，覺得如果不是第一就活不了？」他很驚訝地說：「是啊，妳怎麼知道？我都會要求公司員工跟我一起拚業績，我們一定要是這個業界的第一名⋯⋯」我問：「你能隨便舉一個讓你印象深刻的電影畫面，或是夢境嗎？」他想了想，說：「我忘了片名是什麼，但記得有一幕電影畫面讓我印象深刻：一群戴著厚重金屬手鍊、腳鍊、腰鍊的奴隸們在拚命向前衝，因為落在最後的那幾個會被殺掉⋯⋯」我告訴他：「這就是深藏在你潛意識或無意識裡的**生存焦慮**木馬：不是第一就無法生存，你對金屬過敏也跟這個木馬印記有關。還有，每次過敏脫皮之後就會有『新』的自己，也符合你想要『**成為更好的自己**』（不信任現在的自己）的設定。因此，你可以先解除這組焦慮的木馬設定，不再投射出更多問題來

造成自己身心的困擾。」

　　之後倘若有皮膚相關問題，不要只是慣性地找藥擦，記得檢查自己與自己、與周圍的人、與世界的關係是否存在「不信任」的課題，好讓自己徹底除掉木馬的病根。

14.心臟問題
（心痛、心悸、心律不整、心肌梗塞）

　　除了病理原因之外，給自己的壓力過大、焦躁、節奏太快太趕等等，也會造成心臟問題。所以要隨時解壓，放掉不當的目標壓力，別讓身體的轉速像跑車一樣，飆久了也會爆胎。

15.腸胃問題
（胃脹氣、胃酸逆流、胃潰瘍、腸胃炎）

　　除了病理原因之外，檢查一下，自己有沒有好好專心吃飯，還是掛著公事、心事囫圇吞棗，導致消化不良？不要把胃腸當成食物的容器，更不要把身體當工具，如果有腸胃問題，可能要去原生家庭找一下，過去跟家人吃飯時的感受是什麼？有些父母經常在餐桌上拷問孩子的學業成績，或是動不動就指責孩子，導致他們

得快速把飯扒完才能離開餐桌——這個原生家庭負向印記會嚴重影響消化系統，特別是腸胃。

所以，我們要懂得自行調整，吃飯時可以播放一些輕音樂，讓全家人在愉快的氛圍中享受美食，因為腸胃是跟著自己一輩子的。

16. 暴食症、肥胖

肥胖問題有不少例子是源自心理因素，比方有個五歲的小男孩，自從父親意外過世後開始吃很多，因為他潛意識想要趕緊長大，代替爸爸來保護媽媽。還有另一個例子：有個女生有很嚴重的暴食症，探究其原因是她的未婚夫因病過世，焦躁的她開始狂吃來增加自己的存在感與安全感。另一位女學生也有類似的情形，她媽媽一直過量地強迫餵食她，因為這個媽媽有莫名的焦慮，深怕女孩子太弱小會被欺負，認為只要把女兒餵胖了、變壯了就安全。

帶著焦慮用餐很容易發胖，身體會過度囤積熱量來對應焦慮不安的頻率。可以這樣做：

更改頻率→如何讓自己不會因焦慮而暴飲暴食？不會因焦慮去吃油炸辛辣的，讓自己增加過多的體脂？不會因為缺乏愛而暴吃甜食甜點，以為這樣可以增加幸福

感？

　　首先要解除原生家庭烙印在自己身心的生存焦慮，恢復原廠設定，優雅、緩慢、不疾不徐地活出本自具足的美麗——我指的不是名模的臉蛋、三圍標準，而是我們獨特的自信與豐盛意識之美。

　　舉我自己為例：當我突然想吃炸甜甜圈時，不會真的買來吃，而是在腦海裡用「精細的想像」享受每一口甜甜圈的滋味，焦慮的情緒會瞬間穩定、口欲瞬間滿足，既省錢又不會增胖，而且比較健康。家裡、冰箱裡、工作的地方最好盡量少放甜食或垃圾食物，下次如果突然想吃這些東西，可以先試著用**想像**來吃，或是先把自己調到豐盛的頻率，用音樂、用創作、用想像、用舞蹈或靜坐都行。只在真正餓的時候才進食，但要在吃飯前先量一下自己胃的大小，只取差不多的量，不要因為情緒不佳或壓力大，拿取超過胃容量太多的食物來狂吃宣洩。要理解腸胃都是肉做的，不是鐵做的，所以不要暴飲暴食，最好能先調穩情緒頻率再吃飯，有覺知地吃慢一點，每口細嚼二、三十下後慢嚥，大腦會以為我們已經吃了二、三十口，就不會一直發送「我還很餓」的信號；然後七、八分飽就可以停了。最好多吃健康有機、保有食物原型的蔬果，少吃有化學添加的食物與調

味料，因為我們會成為所吃進去的東西，吃的越健康就會越顯年輕。此外，吃飯前要在心中對食物表達感恩，因為感謝的頻率有助於心情愉悅與消化順暢。

也請不要因為覺得自己不夠瘦美而刻意激烈地抽脂減肥，我看到很多人是覺得自己不美而去整型，但其實「覺得自己不美」的想法頻率才是醜化自己的元凶，有時還會越整越醜、越怪，有些人還因此損及健康與生命，韓國電影《整容液》就是在描述這樣的情節。我的祕訣是：不跟別人比，好好活出自信美的自己就很足夠了。記得一定要尊敬、珍愛自己的身體，讓身心隨時處在豐盛的頻率版本。

17.厭食症

我接觸過兩名厭食症女孩的木馬個案，她們的共同點就是：有個非常嚴格的父親或母親，所以潛意識都有「不值得活」「不想活」的狀態。其中一個年僅十六歲的小女孩，狀況嚴重到胃酸過低觸發不足，導致賁門閉鎖。我跟那個小女孩說：「雖然妳還沒成年、還歸爸媽管轄，但身體是妳自己的，它會跟著妳一輩子，所以不要笨到拿自己的身體去報復他們，受苦的是妳自己，而且妳的生命還很長……我知道妳因為憂鬱症，沒有想

要活很久，但我還是要偷偷告訴妳，等妳考上大學就自由了，人生後半段非常好玩……妳已經熬了十六年，只剩兩年了，請妳務必堅持撐過去，為自己好好愛惜身體。」後來加上妥善的療程，她居然奇蹟式地開始吃飯，而且接近正常食量。我請她母親不要再給她學業上的壓力了，功課再好，命都沒了還有什麼意義呢？

此外，因為怕胖而厭食的人也有類似的問題：為了符合別人眼中的美，就算餓壞自己也沒關係，潛意識一樣有「覺得自己不值得活」的想法，造成了「身體＝身材≠健康」的荒謬程式。我們可以把「身體」視為自己最好的朋友、戀人或嬰孩一樣地照顧它，先讓身體跟「自己不值得活」的木馬信念脫勾，透過深度清理冥想，讓負向印記歸零，之後就不再以錯誤的程式運作。

18.腎臟問題（腎結石、腫瘤）

之前我在帶印度團時，有個女團員說她的腎有問題，長了東西，割了又長。她問我這可能是什麼樣的木馬程式？我便問她：「妳小時候最怕誰？現在怕誰？」她說：「以前怕媽媽，現在怕婆婆。」我對她說：「**恐懼**就是妳要對治的核心木馬，要不然這頻率會一直為妳的身體、特別是腎臟創造層出不窮的問題。」

19.肝臟問題（肝硬化、肝癌）

　　有些人會突然暴怒，見影就開槍，完全無法控制情緒，那是因為陰影就在他心中，每激起一種情緒，都是內建的木馬投影。除了躁症或躁鬱引起的情緒失控外，也可能是他過去只要透過對別人發怒，對方就會乖乖聽其要求，因而拿到額外好處；加上若有以**客訴**得到額外補償或賠償的**痛快**經驗，就強化了這組方程式：

抱怨＝爭取自己權益＝不吃虧
＝可得到額外的好處（食髓知味）

　　短期看來好像是賺到了，但長期來看其實是以「生氣」來慢性自毀健康（因為怒傷肝）。而且，他不願意修正壞脾氣的藉口是「如果改了，我就不是我了」，這個「壞脾氣＝我個性」的錯誤設定會造成人際問題、健康問題，所以可細查他的肝經或肝有無狀況。

　　除了病理原因，還須檢查生活或工作上是否有過勞、高壓或憤怒等情緒毒素未排解，同時還要追溯原生家庭、三代家族史中，是否有家人有過肝炎、肝硬化、肝癌等病史，然後再研究這些有肝臟問題的家族成員，個性及飲食起居上有哪些狀態**與自己相似**。不管這些家族成員有多成功，都要盡早覺察問題，然後勇敢拋棄繼承這些負向印記，因為沒有必要以健康換取成就。

此外，也可以去覺察自己或別人是否把**內在恐懼**當成防衛武器，以憤怒來掃射周圍。只要直擊穿越**恐懼**幻相背後那個**缺愛與求關注的弱點**，就有機會化危機為轉機。當遇到某些狀況，別人沒啥大反應，但你特別情緒化、負面、生氣、暴走，記得去拆核心木馬地雷；清理完了，瞬間瓦解那個頑固的「自我小我」後，反應就不會這麼激動、激烈，而是雲淡風輕，輕舟已過萬重關、萬重山，直接跳到無我無私的狀態，就沒有什麼人事物或話語能衝撞你的自尊底線地雷了。

20. 胰臟癌

因為胰臟在體內的位置較隱密，當胰臟癌發生時多半沒有症狀，超過八成的患者在確診時已是晚期，或者已轉移到其他器官，這是高度致命的惡性腫瘤，很難開刀治癒，死亡率極高，被稱為「癌中之王」。

許多名人，例如蘋果電腦創辦人賈伯斯、男高音帕華洛帝、時尚老佛爺卡爾・拉格斐、美國老牌靈魂樂女歌星艾瑞莎・富蘭克林、《第六感生死戀》男主角派屈克・史威茲等人都因罹患胰臟癌而離世。這些人多半是極優秀、高成就、高度自控自律、完美主義者，通常很注重養生，也會做健康檢查。但正因為不易被查出，所

以胰臟癌這種「核爆級地雷」讓他們措手不及，無論有多頂級的醫療資源也難回天，往往帶給這些菁英「無法預防與控制、無法人定勝天，只有放手臣服」的生命終極課題。

紐約影評人協會最佳外語片《世界上最爛的人》（*The Worst Person in the World*），影片裡男主角是知名漫畫家，當女主角離開他，幾年後就被診斷出胰腺癌——他的高成就與高知名度，依然無法改變他覺得自己是「世界上最爛的人」的潛意識設定。

如果有人是高度自控自律、完美主義的高成就者，就要去檢查自己是否有「要成為極優秀、更優秀的自己，以掩蓋內在自我感覺不好，或是掩藏孤獨、高處不勝寒」的木馬程式？有「控制狂」的人也可以透過「允許」別人打破自己的原則、爆破自己的底線，當做拆除自己「控制狂」的木馬違建，清掉越多，情緒地雷就越少。

21. 便祕

有便祕問題，除了病理原因，也檢查一下自己是否有「害怕失去」的匱乏感、恐懼感，讓身體抓著不放。只要願意調整成「信任生命、信任愛，相信自己豐盛無

缺，放手後資源還是會回來」的安全感，身體就不會因恐懼而抓著一切不放。

22. 自體免疫疾病

　　我經常在自律甚嚴、自我苛責、習慣性自我譴責的人身上看到這類疾病。免疫系統本該防禦外敵，卻反過來攻擊自己，引發白血病、紅斑性狼瘡、乾燥症、血小板低下紫斑症、多發性硬化症、類風濕性關節炎、痛風、僵直性脊椎炎、乾癬性關節炎、退化性關節炎、骨質疏鬆症、蕁麻疹等自體免疫疾病。

　　有個女企業家說她看完《人類木馬程式》後發現自己有「救世模組」，但我從與她的談話中發現她時不時地苛責自己，所以就問她：「小時候多半是爸爸還是媽媽會苛責妳？」她想了想，說：「都沒有。」於是我下一個問題是：「過去父母發生過什麼事，讓妳印象深刻？」她說：「爸媽經常吵架，讓我感到無力，覺得自己沒有能力讓爸媽和好，也懷疑自己是否就是爸媽吵架的導火線……」

　　原來這就是她發展出「苛責自己」模組的**源因**，難怪她的口頭禪是：「抱歉，對不起，這都是我的錯。」我歸納出她的木馬程式如下：

覺得自己不夠好→自責→逼自己要更努力→以防有人批評她，因為她非常在意別人的評價

而這個**自責木馬模組**已經讓她開始有了**自體免疫系統**的疾病：紅斑性狼瘡。所以我跟她說：「無論妳再怎麼努力、再怎麼優秀，外在的名利頭銜永遠無法給妳真正的力量。妳可以修改『都是我的錯』的頻率設定，以自我接納取代自我批判、自我譴責，隨時提醒自己：『父母吵架是他們的事，與我無關，我沒問題，我是有力量的自己。』透過這組新的設定改寫成未來身心健康的生命劇本。記得，接下來的每一思、一言、一行，都要一一檢查：這是哪一個版本的自己？是『覺得自己不夠好、自責』版的自己，還是『相信一切都好、有力量』的自己？當你又出現『自責模組』，**一言以斃木馬**的句子就是：『我不再自責，我現在可以重新設定新的反應……』」

她問我：「我應該沒像老師這麼厲害，可以那麼快抓到木馬吧？」我馬上反問：「請問，這是『有力版』的妳說的，還是『無力版』的妳說的？」於是她瞬間就明白了。

還有一個朋友的案例也很特別：她對鄰居裝潢施工時使用的油漆與膠過敏，一聞到就馬上嘔吐、暈眩、意

識不清，多次跟對方溝通都沒改善。當她跟家人說這個情形以防未來發生萬一時，她媽媽卻跟她說：「那是妳的錯，怎麼整棟樓其他住戶都沒事？誰叫妳的體質這麼差……」她乍聽到時本來很生氣，跟我抱怨怎麼會有這種落井下石的家人。

後來我協助她深挖原生家庭負向木馬印記，才發現她媽媽就是「自責型」導致「免疫系統」的問題，而所謂的「體質」也正是父母傳給孩子的，怪罪孩子其實是繞了一大圈地怪罪自己，只要她看明白了，就能決定**不接演**這個「自責」的劇本，或許她可以直接回應媽媽說：「這不是我們的錯，對方使用有毒的漆膠本來就會傷害身體，其他鄰居沒立即反應，也不代表他們未來沒事，況且這對正在施作的工程人員已經產生更直接的傷害，許多人住在有毒漆膠屋，或是坐在充滿有毒氣味的新車中，不到半年就引發癌症，這樣的例子不少——不要動不動就說是自己的錯，如果把『很明顯是別人的錯』背回自家用來『自責』，很容易造成免疫系統的問題。」如此她就能正式拋棄繼承「自責→免疫系統問題」負向木馬印記了。

所以，停止**愧疚感、覺得自己不夠好、不配得感、慣性自責、自我攻擊、自我毀滅**，可為免疫系統減少產

生問題的因。

23. 脊椎、頸椎、胸椎、腰椎問題

除了病理原因、受傷或長期姿勢不良，導致頸椎、胸椎、腰椎、尾椎等脊椎問題和關節問題之外，如果自己想做的事、想要完成的目標或夢想太多，或是心裡背負的重擔過大但身體負荷不了，就容易有頸椎、胸椎、腰椎、關節的問題。我在《人類木馬程式》書中提過自己腰椎受傷差點開刀的例子，大家可以去翻看、參考。

24. 關節問題

記得有一次課堂上，有個年約五十多歲的同學提到，她的關節一直有各種問題，但看過各大中西醫卻沒有很大的改善。她問我這是怎麼回事、可能藏著什麼木馬程式？我直接問她：「當妳走不動的時候，妳希望誰來背妳？」她突然愣住，然後暴哭出來，說：「媽媽！」原來她小時候為了想讓媽媽多背她一會兒，經常「假裝」腳痛走不動；等到母親過世後，她的腳居然「真的」就開始不大能走了。她沒意識到跟小時候這個印記有關，直到被這一句**木馬金勾**拉出深藏多年的核心木馬，然後一言以「斃」之；而說出來後，她也頓悟了

自己關節問題給她的提醒。於是我跟她說：「現在妳母親已經不在了，如果妳走不動，也不會有人來背妳。妳已經五十多歲了，可以長大了，靠自己站好、走好，不再需要有人來背妳，妳可以解除『**弱化**』**自己膝關節來等媽媽背妳**的設定了。我知道妳心中捨不得媽媽離開，但我相信妳媽媽一定希望妳能健康地過好自己的生活，不是嗎？」

以上這個案例，跟我之前帶歐洲藝術之旅時的團員 G 有相似處。當我帶團參觀完當地知名的藝術墓園，正準備上遊覽車時，G 虛弱地走過來跟我說：「不知道為什麼，我的腳突然軟了，完全沒力氣⋯⋯」我問她：「妳人生中**感到最無力的時刻**是什麼時候？」她突然暴哭，幾分鐘後才說：「上個月，媽媽過世那天，是我感到最無助、最無力的時候⋯⋯」

這讓我想起三年前也有一場類似的對話。學生問我：「老師，我父親已經過世十多年了，為什麼我還是很恨他，無法原諒他？」我問：「妳抓著對父親的恨不放，**有什麼好處**？」她的反應也是突然暴哭，說：「這樣我就會覺得**他沒有離開我**⋯⋯」當我們心靈有巨大創傷未療癒，就會反應在身體上，或是藏進潛意識、無意識中，操控著我們的心腦程式。

還有一個經典案例：一名藝術家說他的腳踝過去經常扭傷，最近居然夢到自己的腳踝又扭傷，他問我這個夢該怎麼解。

　　我問他：「你印象中第一次扭傷腳踝是什麼時候？」

　　藝術家答道：「是在國中升高中時。」

　　我接著問：「那第二次呢？」

　　他想了一下：「應該是高中升大學時。」

　　我：「你有發現這**兩個時間的共同點**嗎？都是你從
　　　　某個階段到另一個階段的交接時，而人體的
　　　　直立面與地平面的交界，不就是在腳踝嗎？
　　　　你每一次遇到『人生轉折時』就容易發生
　　　　『腳踝扭傷』的狀況……那麼，你最近又面臨
　　　　『人生轉折的交接點』嗎？」

　　他：「有耶，最近公司正在轉型……」

　　我：「你正面臨『轉型的壓力』，所以夢在提醒你
　　　　要勇敢改變。如果你心想飛躍，身體卻因為
　　　　害怕而留在原地，就很容易因『身心不同步
　　　　調』的拉扯而扭傷。所以要讓自己的心與行
　　　　動協調一致，謀定後勇敢行動──改變本身
　　　　不會痛苦，抗拒改變才會。另外，讓我們來
　　　　深搜『腳踝扭傷』背後的木馬程式，我再問

原生家庭木馬快篩

你：腳扭傷後，你都在哪裡？做什麼？」

他：「躺在床上動不了，最高紀錄有躺過一個半
　　月，什麼都沒法做，只能想事情……」

我：「所以你還有另一個課題是：在階段與階段之
　　間，請留給自己一點轉換、休息、反思人生
　　的時間，否則身體就會以這種方式逼你『中
　　場休息』。」

　　還有個木馬教練班的學生，她說每次遇到公司提
案大會要交報告前，她的手腕就會突然劇痛，去看過醫
生，但查不出什麼病因，她想知道背後藏有什麼木馬程
式。

　　我問她：「提案前，妳最害怕什麼？」

　　她說：「怕失敗！」

我：「所以身體就配合妳演出：每當妳恐懼、害怕
　　失敗時，手腕就會開始痛；倘若提案大會後
　　的結果是失敗的，妳就可以怪身體『都是因
　　為手痛影響了我，所以才表現不好』，讓妳
　　『預期』的失敗有藉口，妳就不需直接怪自
　　己，這其實是一種保護機制。我接下來要問
　　的是：妳小時候有過手腕痛的經驗嗎？」

　　她：「有，小學的時候。」

我：「請回想一下，那是發生在什麼時間點上？」

她：「記得有一次要交期末作業前，我的手腕突然劇痛。跟媽媽說了之後，她就要我快去休息，不要再熬夜寫了，她明天會跟老師說讓我晚幾天再交……」

我：「妳的木馬程式極有可能就是這個：**面對交作業、提案的壓力→怕交不出好成果、怕失敗→引發手痛讓自己可以休息**（身心減壓）。你可以決定，以後還需要每次都引發『手痛』來讓自己身心減壓嗎？還是要讓自己徹底根除『**以作業成績或提案成敗來決定自己的價值**』的木馬程式？只要根除了，壓力投影源就會關閉，之後就不再需要『**以身痛解心壓**』的模組了。**心不通則身痛，心通則身不痛**，看到了這個方程式後，妳就自己決定未來怎麼調整囉。」

25.肌肉萎縮

有一年我在巡講時，教室裡有個同學問我，他的肌肉萎縮得很厲害，現在已經坐在輪椅上了，看了許多醫生都沒有明顯改善，這可能會是什麼木馬藏在他的生命底層？

我問：「小時候你遇到哪一件事，讓你覺得自己沒有力量，有很深的無力感？」

他想了一下，說：「我記得念小學時，有一次我待在自己的房間，隔著落地窗突然聽到爸爸在陽臺講電話，我居然聽到他說：『寶貝，我好想妳，我等一下就過去找妳。』然後爸爸就出門了。我沒想太多，直接出房門跟媽媽說了這件事，結果爸爸回家後，媽媽跟他大吵一架，之後兩人就吵個沒完，最後離婚了……我覺得都是我的錯，我不該出房門多嘴跟媽媽講這件事……後來我發生肌肉萎縮的狀況，開始不良於行，出入都得坐輪椅，所以沒事時都會待在房間裡……」

我說：「你自己回顧完，應該就明白這件事與你身體的關連在哪裡了吧。就算肌肉萎縮是先天基因造成的，但參照《信念的力量》作者布魯斯・立普頓的說法，『DNA能被個人

的信念操控』，也就是說，就算你有這個基因，但如果不以相同頻率的信念啟動它，極有可能會有不同的結果。所以，你可以『重新校準』之前這件事：就算你沒去跟媽媽說，感情早已不睦的父母，離婚也是遲早的事，所以絕對不是你的錯。你不需要自責，帶著負罪感、無力感來讓自己『不良於行』，更不要在潛意識裡以『肌肉萎縮』來懲罰自己，或是無意識期望透過這個病，讓父母重歸舊好，一起照顧你。」

我建議他可以為自己**重設人生程式**：

我的身體現況並不妨礙我內心有強大力量

不需再背負爸媽的問題

讓我未來的人生窒礙難行

從現在起

我決定擁有全新版本、有力量的自己

26. 咬或剝指甲旁的皮膚、咬嘴唇

若有這種狀況，要隨時覺察自己是否有焦慮、煩躁的情緒，潛意識有自殘、自毀、覺得自己不夠好、不值得活的想法或念頭。如果有，請盡快調整，否則影響到

的就不再只是指甲或嘴唇，還會殘害自己身心生活的其他面向。

27.憂鬱症

「想要成為別人眼中更好的自己」與「真實自己」之間產生落差，這落差就是心靈受苦的深淵。

憂鬱和厭世除了生理原因、外部干擾之外，還有一種可能，就是現在的身心已經無法承載「想要成為更好的自己」這個既虛幻又沉重的目標，因為他／她對自己永遠不滿意，總是看不到自己的成就，久了就足以把「真實版的自己」壓得喘不過氣來，甚至快被壓垮了。所以，查殺完木馬就能立刻減壓，清除「想把自己殺死」的錯誤程式，這樣才能恢復原廠設定的真實。

近期有個討論度很高的新聞事件：一個被父母棄養賣掉的男孩，養父母因爆炸意外過世，他開始尋親，後來也真的找到親生父母，但他們早已各自重組家庭，也有各自的小孩，所以都不想要這個男孩，讓他感覺自己被「第三次棄養」（包括之前養父母驟逝）；加上他曾被同學霸凌、老師性侵……

新聞爆開後，這男孩居然被許多網路酸民攻擊，批評他「跟父母要錢、要房子、炒新聞」。心灰意冷的

他最後選擇在三亞吞藥自殺，年僅十七歲（也有一說是十五歲）。

我去看了他的微博，留言版上還是有許多善心人士願意提供他住處、工作與幫助，但他內心已經傷痕累累，而酸民諷刺的話語，就像在他未癒的舊傷痕上補刺更多刀。倘若他身邊有智者協助他脫困，比方跟他說：「你比其他被照顧得好好的孩子更強大，因為你可以把自己照顧得很好。你不需要去找『家』，你可以**創造**家，以你的能力與信念，可以號召更多有相同經驗的人來創建『中途之家』，讓很多失親的孩子得到照顧，學會獨立、互相扶持。」

近幾年一直有網路霸凌導致自殺的案例。我們的確無法防止網路酸民出現，因為他們在原生家庭裡極可能也有個**動不動就批評他、譏諷他，或是冷言酸語對待他**的人，他們以為這就是人與人互動的方式，打著「這都是為你好」的大旗；等到長大後，如果這個負向木馬印記沒解除，或是沒有透過「己所不欲，勿施於人」反向轉換頻率，他們就會到處找機會酸諷周圍的人、到處以**留負評**來情緒勒索店家，或是匿名攻擊名人以**發洩不平衡**。殊不知這樣做已經讓自己置身在負向頻率中，看什麼都帶刺，自己也變成刺蝟、仙人掌，身邊的人開始退

避三舍、敬而遠之，這才是孤獨寂寞命運的開始。而當他們發現自己已經沒什麼朋友，感到匱乏、憤世嫉俗，就會怪原生家庭、怪世界，最後怪自己，甚至也有案例是等父母老了以後，這孩子也會以「這是為了你好」的方式孝順之，一樣是把**怕父母不在就失去依靠**之「焦慮所以控制」的頻率，完美複製下來。

我們可以看到，不同的人面對酸民的反應大不同，有的人高EQ化解，把酸民變鐵粉，有的人則是與酸民互槓互告，不知不覺把自己弄得面目猙獰……這也剛好用來檢查自己是否還有「不自信」「在意別人的看法」或「爭」木馬未清。

28. 受傷

父母越恐懼孩子受傷，其焦慮的負向頻率印記越容易感染孩子，甚至真的創造了受傷的實相。

還有一種狀況是自己潛意識或無意識「創造」了受傷的劇情，讓身體可以藉機休養。

29. 婦科問題（乳房、子宮、卵巢、骨盆腔）

女性器官包括乳房、子宮、卵巢，有時骨盆腔也會受到影響。我曾為有婦科問題的個案尋線找到原生家庭

木馬，現在將軌跡整理如下：

乳腺炎

　　來找我的女學生中，若有胸部問題，如乳腺炎、乳房結節、乳癌等，平常多半都有壓抑自己情緒的狀況，特別是對自己的伴侶有過不滿、忿怒卻沒抒解。所以，如果自己對前任、現任還有恨意或不平衡的怨氣，可以身體與心理雙管齊下，多按摩疏通經絡，並在心中以愛化解過去的怨氣，使之不再成為自己未來的新病因。

子宮或骨盆腔問題

　　例如經痛、骨盆腔發炎、子宮內膜異位症、子宮肌瘤、子宮卵巢癌症等等。

　　我有三個女企業家學生分別找過我查殺木馬。她們來自不同地方、不同背景，卻有近似的原生家庭模組：都是在重男輕女的家庭長大，從小母親就跟她們說：「男人是靠不住的，要靠自己，要自救、自立、自強。」有些還伴隨母親被父親家暴卻隱忍的狀況，讓她們得讓自己強大起來保護媽媽、抵禦爸爸。

　　還有一個共同點，就是她們的事業心都很強。這當然完全沒問題，問題在於她們**潛意識設定成「女人是弱**

的」，所以要把自己活得像男人，結果她們三位都有**婦科**問題，不是子宮肌瘤、子宮腫瘤，就是卵巢癌，而且子宮和卵巢都被割除了，符合自己潛意識或無意識中「不想當女人」的設定——**否定**女性特質／女性器官的頻率開始內傷自己的婦科部位，造成「得病以移除」的事實。

所以我要強力建議，如果妳的原生家庭也有這種狀況，請務必解除潛意識設定，改成：**做為女人也可以活出生命力，也可以自主有力量**。就算父母比較愛哥哥或弟弟，但我們最珍愛的就是自己，這個被「輕忽」角色的禮物就是：雖然從小活在不公平的環境，但我們可以提早學會看見自己的價值、相信自己、尊重自己、敬愛自己，不必爭、不比較，反而會比兄弟們成長更多。

如果比較年輕的學生有**經痛**問題，而且她有兄弟姊妹，我都會問上述這類**標準**問題；如果她**感覺**到家裡的長輩（爸爸、媽媽、爺爺、奶奶、外公、外婆等）重男輕女，我就會協助她清理印記，也會請她去看紀錄片《姐姐》，透過這部龍鳳胎家庭重男輕女的影片，練習思考：如果自己是影片中的姊姊，該怎麼不被「強烈烙印」負向印記？

比較極端的「重男輕女」個案，是一個年約三十五歲、子宮和卵巢癌末期的女生，她來找我時，子宮和卵

巢都已經被割除了，但癌細胞又轉移到骨盆腔。我跟她見面時，她已經瘦骨如柴，後來與她深度訪談後發現，她的原生家庭有「重男輕女」的負向印記——她聽親戚轉述，她還在媽媽肚子裡時，媽媽就經常跟爸爸吵架，媽媽想拿掉她，所以她在子宮裡就被種下「恐懼活不了的木馬」，導致她潛意識覺得自己不值得活下來，從小就有厭食症。她的病發生在子宮和卵巢等婦科部位是很容易理解的，因為這裡是她最早被印記恐懼的源頭，甚至等到子宮、卵巢割除後，這負向印記還在發揮作用，繼續在她的骨盆腔引發癌變。她自述可能因為自己是女生，所以父母想拿掉她，或許她的身體就是因此開始創造「拿走女性器官」的疾病頻率，這樣就可以變成男孩，父母就會重新愛她。

　　自從她生病後，經常對身邊照顧她的人發脾氣。我問她：「妳真的想活下來嗎？」她說：「想！」我說：「非常重要的是，千萬不要拿自己的身體健康報復父母，也不要以憤怒吼開身邊關心妳的人。如果妳已經決定要過新版的生活，可以用想像的方式，把舊版的自己移除，換一個全新誕生版的自己……妳可以重新找乾爸乾媽，我也非常願意做妳的姊姊，讓妳暫時與原生家庭父母的舊印記脫勾，重新建立第二次生命……可以的

原生家庭木馬快篩

話，我想給妳兩個具體可做的練習：

「一、每天到大自然裡，趴在瑜伽墊或草地上，想
　　　像自己肚臍有一條新臍帶，連接到地球裡面
　　　大地之母的子宮中心。同時讓太陽曬背脊，
　　　讓陽光進到每一節脊椎，重新活化生命動
　　　能、恢復生存意志力，並想像自己把這部中
　　　毒的舊電腦蒸發光，直接建立新的電腦——
　　　透過以天為父、以地為母的方式重新誕生。

「二、以『新電腦』的頻率開啟新生活，之後若又
　　　跑出任何想法，先檢查是新電腦還是舊電腦
　　　發射出來的。如果是舊電腦，就直接銷毀，
　　　換成全新電腦頻率，內建無條件的愛、安
　　　全、信任、健康、自信、力量、快樂。吃飯
　　　的時候，如果又不想吃，就直接問自己：這
　　　是**新電腦**還是**舊電腦**的頻率？我們這樣練習
　　　七天試試看？」

　　她聽了很高興，但下一秒突然從對面坐到旁邊跟
我說：姊姊，妳看，我這裡開過刀、我那裡痛……，我
馬上告訴她：「妳不需要跟我或身邊的人抱怨、訴說、
創造自己這裡痛或那裡痛，來讓我們關心妳。妳潛意識
或許以生病的方式，想讓爸媽同時來關心妳（過去也有

很多次成功的例子），但這不是真相，而是不斷創造疾病的源頭頻率發射器。『**以病贏得關愛**』的模組會為妳繼續創造應接不暇的病痛，所以清除原生家庭的負向印記是非常重要的。無論妳狀況如何，我們永遠都會無條件地關愛妳，但我希望妳要**全力聚焦在自己的康復而非疾病**，改成以決定『康復／健康』的方式來說話，以『活』的方式活，不要再以『死』的方式活，好嗎？」她說：「好！」

我還遇過一個「重男輕女」的反例，就是父母**過度偏愛她**造成的婦科問題：這一名年約四十五歲的女子已經因癌症切除子宮、卵巢，目前癌細胞還擴散到大腸、肝、胰臟，部分大腸也被切除。我問她小時候的印象中，父母哪件事讓她感到很受傷？她說：「小時候因為父母比較疼我，哥哥很嫉妒，經常趁爸媽不在家時重打我，有一次還把我摔向門板，導致我的鼻與嘴都撞傷流血，門還因此被撞出一個大洞。但我媽一進家門，第一時間卻關心：『門撞成這樣還能修嗎？』這讓我很受傷，覺得自己不如一扇門有價值，從此以後我再也感覺不到家人的愛，自己沒有活下來的意義……」

她不知道自己這一連串婦科疾病的自毀程式，與這個撞門創傷事件息息相關。當我寫出這兩件事相關的方

程式給她看時，她很驚訝，並提到她現在有兩個女兒，小女兒比較漂亮、比較受她寵愛，有一次她看到六歲的大女兒在打三歲的小女兒，她氣急敗壞地把大女兒毒打一頓，但如果是小女兒打大女兒，她則會罵大女兒怎麼不讓著妹妹一點。我跟她說：「千萬不要讓上一代的『偏心』模組繼續烙印傷害下一代，以免大女兒繼承了妳自毀婦科部位的負向印記……」然後我請她一定要跟母親、哥哥說出當時那件事對她造成了多大傷害，之後就可以選擇原諒他們、釋放自己，否則她心中的恨會持續加暴於自己的身體健康；此外，我請她回家後一定要找時間跟大女兒道歉，讓悲劇到此為止，不再代代繼承。

　　我還看過幾位有子宮肌瘤、骨盆腔發炎的個案，她們的共同點都是在親密關係上有過不愉快的經驗，導致對「性」有罪惡感、恐懼和排斥。如果她們夫妻間親密關係有狀況，其伴侶有時也會出現攝護腺的問題。

　　以上是我透過個案疾病的線索，搜查他／她們原生家庭負向木馬印記的過程。這並不代表有這些病症的都屬於同一種原生家庭木馬程式，但透過深究疾病或意外，我們可以挖出藏在自己潛意識或無意識層的木馬投影源。

五個問題搜出深藏在

你潛意識與無意識裡

損害身心健康的木馬

　　下面列出我給木馬教練班同學的五個問題，請先找
幾張空白紙寫下自己的答案後，再看我的分析。

1.談到健康，你的第一個念頭、情緒或畫面會是什麼？

2.未來會有離開身體生命的一天，請問你覺得自己（也

　　　　　　　　　　　　　原生家庭木馬快篩

可延伸寫家人、友人、伴侶）**可能**會以什麼形式（例如什麼病或哪一種意外）離開？

3. 列出自己身體過去曾發生，或是現在的主要問題，然後試著分析可能源自原生家庭或幼年的哪一個經驗。試想，如果自己這樣的木馬頻率不改變，將來可能會發生什麼樣的狀況？

4. 記憶中，你身邊的家人、親戚或友人發生過什麼樣的身體疾病或意外，讓你印象最深刻？試著分析深度的木馬原因。

5. 你到底是比較怕**死時錢沒花完**，或是比較怕**錢花完了還沒死**？

　　回答完這五個問題，我們再來搜出深藏在潛意識和無意識裡損害身心健康的木馬，並幫自己清除不當的身心信念。

1. 談到健康，你的第一個念頭、情緒或畫面會是什麼？

　　憑直覺寫下這題的答案後，看一下，你內在是否藏有「誘導」疾病的導航系統？

　　我將木馬教練班同學針對這個問題的答案，初步整理分類如下（注：李欣頻木馬教練班，諮詢郵箱：m13811465077@163.com，副本：skywalker2020@qq.com，

郵件主旨：詢問李欣頻木馬教練班開課訊息與報名方式）。

- **答案一，保健食品、保險**：其實買保險、買保健品不是問題，問題是**帶著什麼頻率買的**？是**恐懼**自己會得什麼病，或是**害怕**會因為自己生病造成什麼結果？是否**不信任**身體免疫力能自癒修復自己？你買保險或保健品的負向心態頻率，有可能才是形成疾病木馬程式的關鍵源頭。例如，當我們不幸生病，或發生意外可以申請保險理賠金時，會不會覺得自己賺到了？這樣反而會建立「發生意外或生病就能賺到理賠」的信念設定；或者，可以反問自己，**如果終生都很健康，到最後完全沒用到半毛保險金，會覺得虧了嗎**？這都算是同一種木馬問句。

  如果內在頻率是恐懼、害怕、不信任自己，這才是身體不健康的預設定或核心起因，跟「做不做什麼」「買不買什麼」沒有太直接的關連。這些恐懼、害怕、不信任自己的頻率會造成金錢破口，讓人無止境地買各式各樣沒必要的醫療保健品，卻還是覺得自己不健康。

原生家庭木馬快篩

- **答案二，體檢**：有人害怕體檢，其核心木馬可能
  是「害怕死亡」，而且潛意識已經預設了「一去
  檢查就會查出重大疾病」。這個害怕的頻率要及
  早面對與處理，才能徹底拆除將來會創造疾病與
  意外的木馬地雷。

2.未來會有離開身體生命的一天，請問你覺得自己（也可延伸寫家人、友人、伴侶）可能會以什麼形式（例如什麼病或那一種意外）離開？

你直覺寫下的，有可能就是你潛意識或無意識的預
設。要注意自己是否有往那個設定趨近的跡象，並深究
如果自己就這樣死了**有什麼好處**。這可能是你潛意識或
無意識一直往這方向進展的原因，也是一代一代以同樣
原因過世的可能。在**自我暗示後**，往**即將成真、實現預
言**的途中，我們還來得及覺察並重新修正。

我將木馬教練班同學對於這個問題的答案，初步整
理分類如下。

- **答案一，癌症／中風／須長期臥病在床的疾病或
  意外／漸凍症／阿茲海默症／不良於行要坐輪椅**
  →接下來要追問自己的問題是：你希望誰來看你

或照顧你？

→就可以知道自己可能有害怕孤獨，或是與誰的人際關係、情感有未竟的課題待處理。記得，不怕孤單才不會索求愛，不怕死才敢自由做自己。

- **答案二，心臟病／意外突然死亡**：有人是怕痛、有人是怕花費太多金錢去治療、有人是怕耗費太多時間在醫院裡、有人是怕沒有尊嚴，或是怕拖累家人……這些都是「**害怕沒有**什麼，或是**害怕失去什麼**」的負向頻率產生預設「突然死亡」的木馬設定。

- **答案三，美美地、幸福地走**：有完美主義傾向、不喜歡自己以不完美的樣貌示人所形成的**焦慮**頻率，可能會有「以**英年早逝、紅顏薄命**的方式**避免自己老了、醜了被看到**」的預設，有些可能是意外、自殺，或是潛意識不想活而創造出不治之症，就如同三島由紀夫曾說過：「人活到四十歲就好了，我不想要死去時，靈魂模樣看起來老態與醜陋。」最後他真的在四十五歲時切腹自殺，來符合自己「青春早逝」的設定。

3.列出自己身體過去曾發生，或是現在的主要問題，然後試著分析可能源自原生家庭或幼年的哪一個經驗？試想，如果自己這樣的木馬頻率不改變，將來可能會發生什麼樣的狀況？

我記得小時候，那時媽媽大約四十六歲，她就經常跟我說，女人到了四十六歲就會變得很老很老，身體與體力都不行了。那時的我以為是真的，大學畢業後就拚命工作、存錢、旅行，因為我怕到了四十六歲就走不動了。所以這個「焦慮」的原生家庭木馬印記，其實在某些方面也有正向影響：讓我很積極地工作與旅行。

我記得自己在未清除「衰老」木馬之前，聽到「健康」兩個字，第一個跑出來的想法是「得花錢才能去除疾病，維持健康」。這個「焦慮自己會衰老」的木馬對我產生的負向影響就是從小的各種病，例如氣喘、感冒、支氣管炎、腸胃炎、腸躁症、皮膚過敏、憂鬱症、腰拉傷等等，我平均每年跑醫院十多趟。但後來我發現，「四十六歲就很老」這個木馬早就對我產生強大的負向印記，每當我聽到別人在咳嗽，即使他在千里之外，我就會啟動「害怕」的感覺，彷彿自己下一秒就會得支氣管炎……我花了很多時間、很多錢，在幫自己清理、治療各種潛意識創造的疾病，所以我的金錢破口就

是在「覺得自己越老越不健康」焦慮時所花的錢。

直到覺察這個強大木馬造成的焦慮、壓力會讓我加速衰老後，我就決定不再創造各種病來符合自己「四十六歲會很老」的設定。我將設定改成：如果我活到兩百歲，那麼現在三十多歲的我還在青少年時期。同時，我也設定自己心態是逆時逆齡的，越活越年輕。從看起來最老態的三十八歲之後，我每年定期去閉關、淨化、排毒，然後就真的一路逆齡。而且我不想做醫美整形，因為我相信只要**意念設定自己的心態青春不老**，這比買保養品，或帶著焦慮去做整形手術更有根本回春的效果——所謂的意念設定，就是**我怎麼看我自己、怎麼認定我自己，我就會變成怎樣的人**。所以如果有人說自己三十歲就老了、四十歲就老了，他們正在選擇活出自己的老去，而我選擇年輕版本的自己。

你可以檢查一下，過去一到三年、甚至更久以前的臉書／IG／Line／微博／微信，是否有貼自己受傷、生病、去醫院看醫生的照片？如果有，請看一下，大家對這則貼文的留言是什麼？而你的回應、感覺又是什麼？我會提到這點，是因為臉書有自動回顧功能，每天都會回傳一則幾年前的當日貼文，而我發現自己過去經常貼「在醫院掛急診、吊點滴，或是去醫院做復健」的

照片，於是反思我當時在貼圖文時，內心潛意識希望朋友們來關心我，但正因為這個「希望被關心」的木馬，讓我無意識持續創造各種意外或疾病。

所以，當身邊有親友一直在貼自己哪裡痛、哪裡病、哪裡受傷、哪裡又要開刀的貼文時，我就會提醒他／她檢查一下，自己期待看到誰來關心、誰來留言？是不是「缺愛」的木馬模組讓自己還在不斷創造疾病，不想太快康復？如果是這樣，就要盡早讓自己恢復自愛健康的頻率，省下醫藥費與在醫院奔波的時間。

我曾在臉書粉專寫過這段話來提醒自己：

40歲之前要活出「雙倍齡」

例如：

20歲要活得像是40歲般自信獨立

30歲要活得像是60歲般慈悲智慧

40歲要活得像是80歲般了悟生死

過了40歲後就要逆轉成「對半齡」

例如：

50歲要活得像是25歲般青春好奇

60歲要活得像是30歲般冒險無懼

70歲要活得像是35歲般壯年活力

當我換了設定／決定之後，一聽到「健康」兩個字，腦中浮現的是「我可以到處跑跑跳跳環遊世界」，就表示我已經清除「衰老」木馬的設定了。此外，我會隨時自我覺察，如果感覺身負重擔、負面情緒壓得我喘不過氣，我就會勇敢放手，隨時卸除舊版的自己，更新回年輕的心態，換個新心情周期，大膽跳進新版的優雅生活，就能活出百變喜悅的人生版本，這就是我常保青春的祕訣。

4.記憶中，你身邊的家人、親戚或友人發生過什麼樣的身體疾病或意外，讓你印象最深刻？試著分析深度的木馬原因。

幾年前，我媽媽也是各種病，特別是免疫系統的問題，例如不明原因之血小板低下紫斑症。我發現她一向自律甚嚴，很怕麻煩別人，經常自我苛責，所以她的免疫系統反向攻擊了自己的身體細胞。我請她要改變**自責**的慣性思考，後來她的血小板低下紫斑症奇蹟似地康復了。

有時我們要觀察一直多病的家人，看看他們是否有「不斷生病」以吸引家人關心照顧的木馬？如果父母有這種狀況，建議做子女的要經常「主動」關心他們快不

原生家庭木馬快篩

快樂、健不健康，這樣他們就不需要透過創造不必要的疾病或意外，來達到在醫院「團聚」的目的。

5.你到底是比較怕「死時錢沒花完」(1)，或是「錢花完了還沒死」(2)？

選（1）意味著現在可能已經在為了「想多賺錢」
而耗損了健康。

選（2）表示對金錢匱乏的「擔憂」，會造成健康問
題，例如焦慮症、恐慌症、精神官能症、
自律神經失調、胃痛、心臟問題等等。

千金難買早知道——以上五個問題，希望可以讓你
順利搜出深藏在潛意識、無意識裡**損害身心健康**的木馬
地雷，早清除、早健康！

第四章

三步驟破解原生家庭
負向印記的側翼游擊路徑（切片）

除了之前提到的「三步驟破解原生家庭負向木馬印記」，我再提供木馬教練課上，帶著同學們當場破解自己木馬程式的五種「臨時抽考」，也可視為「側翼游擊木馬」的路徑。以下分別在五個單元一一講解。

第四章之一

「自己喜歡的電影、影集戲劇、歌曲、書籍」之木馬現形記

　　之前在《人類木馬程式》書中提到，木馬程式可以從我們過去**難忘的記憶**中浮現出來。大家可以先列出印象最深刻的電影、戲劇或小說故事的劇情（請不要去看官網的劇情簡介），寫好之後，再看我以下的解析。

　　二〇二一年我利用巡講的機會，請同學們在課堂上寫出自己最喜歡或印象最深刻的電影，並寫出劇情簡介，然後我當場直接破解他們的木馬程式。舉例如下：

（1）寫《**全面啟動**》（*Inception*，也有翻譯成「盜夢空間」）和《**星際效應**》（*Interstellar*，也有翻譯成「星際穿越」）的同學，大部分可能有的木馬是：現實生活遇到困境或壓力，心情苦悶不知怎麼脫困，於是寄情於另一個次元，無論是夢境還是外太空。

（2）寫《**刺激1995**》（*The Shawshank Redemption*，也有翻譯成「肖申克的救贖」）的同學，大部分可能有的木馬就是：無法改變現況的無力感、被「無法逃脫」的限制綑綁住，一直想要自由出逃。

　　我們可以從目前正迷看的電影、影集，對照過去喜歡看的類型，再根據主角（或自己認同的某一個角色）的性格設定，很容易推論歸納出與自己同款的劇本設定／設限是什麼，特別要辨認出不合邏輯／常理的劇情，然後直指自己的核心木馬。

第四章之二

「座右銘、口頭禪
常講的負向頻率情緒字眼
或行為」之木馬現形記

　　沒有情緒哪來的戲？情緒來時就問自己：那麼想
演，在演哪齣呢？別再給自己加戲，除非真的很愛演。

　　之前我在《人類木馬程式》書中提到，座右銘、口
頭禪、常講的負向頻率情緒字眼或行為，也是瞬間搜出
木馬程式的線索。例如有一名個案，在跟我講述完他前
半生原生家庭的故事後，突然說了一句「難行能行」，
我很驚訝地說：「原來這就是你的設定啊！難怪你總是
遇到重重困難。我的設定是：『**順天道易行：天道是酬
善不酬勤，善良才是天道的頻率。**』如果你覺得累了，
不想再過阻力重重的坎坷生活，可以試試每天寫『**順天
道易行**』，至少連續二十一天不中斷，最好能堅持三個
月，直到你真的相信為止，這樣可以讓你的腦神經建立
新的迴路來取代舊的連結，就像建一座快速高架橋來避
開地雷區。」

「對自己姓名的詮釋」
之木馬現形記

　　父母把我們帶到這個世界上，其實他們最重要的任務就算完成了，接下來就要**自己設定**想過怎樣的人生，**怎麼把自己過好**就全是我們的責任了。身體生命與名字雖然是父母給的，但我們可以用獨特的方式來自我定義，就算有人跟我同名，只要我活出這個同名裡最獨特的版本就夠了。一旦否定了自己的名字，**也等於否定了自己的人生。**

　　其實名字本身不大會有什麼問題，問題在於當事人自己對名字的定義，或者是別人給這個名字的定義／諧音／綽號等等也會影響當事人對自己的看法。每個名字最初都被賦予了父母的期望，但有趣的是，在我數十場巡講中，每當我問：「你們喜歡自己的名字嗎？」現場大部分人都不是很滿意自己的名字，然後我接著說：「我們往往會先**活出名字的相反**，然後才會**活出名字的意義**。比方我的名字叫『欣頻』，顧名思義就是『快樂的

頻率」，但我的童年和青春期都非常憂鬱、不快樂，直到我三十五歲去印度旅行之後，才開始找回自己快樂的本性。」結果大家在看了自己的名字之後，都點點頭表示同意。

電影《哆啦Ａ夢》中，大雄抱怨爸媽為何幫他取這個名字，讓他覺得自己完全不匹配這麼「偉大」的名字。後來哆啦Ａ夢帶大雄坐時光機回到他剛出生的那一刻，大雄聽到爸媽對著還是嬰兒的他說：「希望大雄將來是一個勇敢的小孩。」他才明瞭，原來當初父母取這名字不是為了詛咒他、嘲諷他、羞辱他，而是帶著滿滿的愛祝福他，於是大雄就從「討厭自己名字」的信念中脫困了。

此外，我遇過一個自以為已經「正向解讀」自己名字，其實卻剛好被「自己對名字的定義」綁住的案例。曾經有個記者透過電話訪問我：「請問有什麼方法，能讓自己變得更有創意？」我回答：「創意，不就是要拋掉『方法』嗎？就像有人問伊隆・馬斯克（Elon Musk）會給創業者什麼樣的鼓勵，他回答『如果是需要鼓勵的人就不要創業』是一樣的道理。」後來我瞄一眼手機的來電顯示，他的名字裡有「方」這個字，於是我問他：「你對自己名字中的『方』，有什麼樣的

定義？」他說：「我父母從小就希望我要規規矩矩。」
我說：「你被所謂的『規矩、框架、方法』綁住了，所
以才會問『有什麼**方法**，能讓自己有創意』，但**創意**正
是要突破『規矩、框架』才能自由不設限……」他接
著問：「那麼我們該用什麼樣的『方法』，才能打破這些
『框架』呢？」

　　我告訴他：「你可以**重聽**一下自己剛剛問的問題，
有沒有矛盾（以己之矛，攻己之盾）之處？」他想了
想，說：「有耶！『方法』本身就是『框架』、就是『限
制性信念』……」我說：「是的，要破木馬就是這麼簡
單。你只要把接下來的**所思、所言、所行**，都先仔細檢
查一下：這是『符合』框架，還是『打破』框架？每一
次都透過高度覺察來重新決定自己的下一步，才能真正
改變未來的人生版本。」

　　我有個學生，名字中有「**萍**」這個字，她解釋就是
「萍水相逢」的萍，問我會不會就是這個「**萍**」字，讓
她一直遇不到願意定下來的對象？她需不需要改名？

　　我說：「妳自己這樣定義、設定『**萍**』，當然就會投
射出這樣的關係、劇情、角色設定；如果是我對『**萍**』
的定義，就會是『與伴侶可以隨心所欲旅居各地，所到
之處都是家』──請問哪一種定義會更自由、更快樂？

所以，如果妳覺得名字造成自己在某方面的限制與障礙，可以去找**比較沒有木馬課題**的友人幫妳重新改『定義』，或是自己在愉快的音樂中，手放在心輪處，溫柔輕聲地一直念著自己的名字，然後一隻手向上帶到上面三個脈輪（喉輪、眉心輪、頂輪），另一隻手帶往下面三個脈輪（臍輪、腹輪、海底輪），反覆多念、多做幾次，直到欣然接受自己的名字為止，這就是『校準回歸』。」

第四章之四

「繞過表意識，直接揪出潛意識
或無意識設定的直覺畫」
之木馬現形記

我在前幾年線下課突然來的靈感：請同學在一張白
紙上隨意畫出我指定的主題，然後我從每個人畫的圖，
一眼破解他們藏在潛意識或無意識裡的木馬設定。就這
樣實驗了二十多場，我與在場學生們都發現這種**「繞過
表意識，直接揪出潛意識或無意識設定的直覺畫」木馬
破解法**真的很準。

我把幾個「直覺畫」的主題，以及特殊案例整理在
這個單元。建議大家先針對以下五個主題畫下自己的直
覺畫，然後再參看我的案例破解與分析。

直覺畫主題一：一條線
請在一張白紙上，隨意畫出一條線，然後在這條線
的兩側寫下關鍵字，並標明線的起點與終點。

直覺畫主題二：自畫像

請在一張白紙上，畫出自畫像（請不要對著鏡子畫，也不可看著自己的照片畫）。隨意畫出自己的樣子就行，不必擔心畫得好不好，因為那跟我們要分析的內容無關。

直覺畫主題三：一葉之揪

請在一張白紙上隨意畫出「葉子」。

直覺畫主題四：窗與自己

請在一張白紙上畫出「窗子」與「自己」。

直覺畫主題五：家配置圖

請畫出心目中家的配置圖，跟你目前住的房子空間不一樣也沒關係。

透過直覺畫揪出木馬

上述五幅直覺畫都畫完之後，可以參看我破解個案畫作、揪出木馬的示範。

直覺畫主題一：一條線

（1）先研究線的方向與形式

1.如果是**直線**，而且是**逐漸向上**，看一下自己是否有「要成為更好的自己」的木馬？可以檢查自己是不是有這樣的傾向：只要有一疊白紙，總是想把它寫滿，或是有空
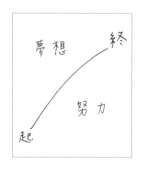
白行事曆就想用工作填滿，因為一有空閒時間就覺得有罪惡感，不允許自己有休息的空檔。

2.如果是**水平線**，問問自己是否有「想要**安穩**，不想有太多變化與改變」的恐懼木馬？

3.如果是**往下**的直線，問問自己，是否有**無力感**、有想要放棄自己的念頭？會不會是自己活得太用力，或是太在乎別人，以致彈性疲乏了呢？

4. 如果是**上下垂直**的線，表示有**兩個對立的自己**，經常產生**矛盾**。可以看一下，線的左邊和右邊各寫上什麼關鍵字（概念）？自己是否正被這兩個概念拉扯，糾結在其中？

5. 如果是**波浪起伏**的線，看一下自己是否把人生設定成「高低起伏」的**戲劇性**人生？

6. 如果是**糾結纏繞**的線，要問問自己是否經常很糾結、反反覆覆、**猶豫**不定，改來改去，並檢查一下，自己有沒有**見獵心喜、唯恐天下不亂、語不驚人死不休、忙著給別人生事，幫自己加戲添麻煩**？記得**不要多話、不廢話、不傳話**，就能為自己的人生減少很

多解釋、協調、道歉的狀況，然後把這些時間拿來精進人生，或是創作、創造就足夠了。只要心安住當下，享受無聊，不心猿意馬，心就不會累。

（2）看一下關鍵字

1. 如果是**直線、波浪線、水平線**，靠近自己這一側的關鍵字為**潛意識**，另一側為**表意識**。

   - **舉例**：若線之內寫著「**完美**」，線之外寫著「**愛情**」，就可以編整出其木馬方程式：

     → **要求完美導致愛情課題**：當事人的完美主義，造成與伴侶之間關係緊張；也就是說，兩個詞之中（例如完美、愛情），其中一個詞是此人的**願望**，另一個則是**導致不能如願**的木馬限制。

2. 如果是**垂直線**，則左右兩側的關鍵字為**互相矛盾拉扯**。

   - **舉例**：左側寫的是「人」，右側寫的是「神」，表示此人經常陷入「天人交戰」的狀態——我當場破解後，當事人馬上點頭表示同意。

3. 如果是**纏繞線**，圈裡圈外的兩個關鍵字，就是造成人生打結的拉扯點。

- **舉例**：夢想vs力量，表示當事人有夢想，但力不從心，現實蒼白無力。

（3）改畫改設定

1. 如果原先畫的是「**從下到上**」，可以改畫「**從上到下**」的反向線，讓自己從「薛西弗斯負重向上，成為更好、更顛峰的自己」無止境的辛苦中解放出來。如果原先畫的是「**從上到下**」，可以改畫成「**從下到上**」，讓自己的潛意識恢復力量，啟動生機蓬勃的動能。

2. 如果畫的是**水平線**，可以改畫成**垂直線**，讓自己勇於向另一維度拓展。

3. 如果畫的是**垂直線**，可以改畫成**水平線**，讓自己**平衡穩定**而非左右搖擺。

4. 如果畫的是**筆直線**，可以改畫成**波浪線**，讓自己勇於變化與創新。

5. 如果畫的是**波浪線**，可以改畫成一**條直線**，讓自己穩定於內心的**中軸線**。

6. 如果畫的是**纏繞圈線**，可在起點與終點間畫出一條**直線**，讓自己不要再透過鬼打牆的木馬，繼續創造不必要的糾結彎路。

直覺畫主題二：自畫像

（1）先觀察這張自畫像的哪個部位「沒」被畫出來

1. 如果是**只畫上半身，沒畫下半身**，表示可能想得多、做得少，或是有可能「為自己做得少」，但為別人做得多。

→**改畫改設定**：可以在下方補上一張白紙，把身體未畫完的部分補齊。你會發現，補上當初沒畫的部分比較困難，因為那是腦神經比較少走的路徑，但只要多畫幾次熟練就行了。

→**延伸練習**：可以就這張自畫像，前後左右再貼上白紙，繼續延伸畫出去，有助於突破自己的框限，預演、預練自己未來的版圖、藍圖。

2. 如果**眼睛沒睜開**，表示可能內心還不願面對現實。

→**改畫改設定**：把眼珠畫進去，練習面對現實。

原生家庭木馬快篩

3. 如果**雙眼沒有瞳孔**，表示可能還在**茫然狀態**，還沒找到自己的核心天命與熱情。一旦處於茫然狀態，意味著不想對自己負責，所以誰都可以控制你；只有等你覺得受夠了，不再需要別人的操  控，才能決定對自己負全責。只要把自己想做的事做完，不用急著拿結果去向誰證明自己，更不需要求自己做到完美，徹底改寫茫然木馬模組。

→**改畫改設定**：把眼睛與瞳孔補進自畫像中，練習聚焦。

→**延伸案例分析**：

來找我的個案，非常大比例都是中了「茫然木馬模組」，其中包括：

- **類別一：興趣太多**

對方問：我對什麼都有興趣，該選哪一個？

我問：小時候你有沒有在做自己喜歡的事情時，突然被**誰**打斷，要你去做功課或去學習？

答：有的說是爸爸，有的說是媽媽，有的說是爺爺奶奶，有的說是老師⋯⋯

我：你要做自己的再生父母、做自己的智慧導師，
　　開始獨立過你的第二人生。從現在開始，把別
　　人的聲音、意見移出你的心腦範圍，由你來選
　　擇自己想要做的，由你決定一切，你說了算，
　　不要再問別人意見了。

- **類別二：不知道自己的天命天賦**
　對方問：我找不到人生方向，做什麼好像都「沒有
　　　　　很大的興趣」。我該怎麼找到自己的天命
　　　　　天賦？
　我問：小時候是**哪些人**在管控你、給你意見，要你
　　　　做這做那，干擾的聲音太多，讓你很難專心
　　　　發現自己真正喜歡什麼？
　答：有的說是爸爸，有的說是媽媽，有的說是爺爺
　　　奶奶，有的說是老師……
　我：如果不知道自己的天賦在哪裡，幫自己重新定
　　　義天賦就好了，因為天賦不是某一件事，而是
　　　一種頻率，是一種你做這件事情時很喜歡、很
　　　享受的狀態。但如果你自己設定成做什麼事都
　　　會失敗，就算找到天賦也沒用。
　　　你可以去找一本空白筆記本，回想一下從出

生到現在，你曾經喜歡什麼，但後來中斷了，或是沒機會嘗試？請都記錄下來。從現在開始，每一天都去尋找自己喜歡什麼，隨時記錄下來，這叫做「成人抓周」，至少連續七天。七天之後整理一下這些「尋夢」筆記，看大多是指向哪個項目或類別，就從那裡開始凝聚你喜歡的事，這或許就是你曾被打壓的天賦，然後想辦法重啟這個天賦，不論是畫畫、跳舞、音樂、唱歌都行。非常重要的是，一定要**堅持**每天抽時間給自己進行這個天賦，至少持續二十一天完全不間斷，最好能持續三個月，堅持從頭到尾完成它，才能改變「你被打斷，以後你就成為打斷自己的人」的模組。

- **類別三：要選賺錢的工作，還是我有興趣的工作？**
  如果生命導航系統設定錯誤，例如以求錢財為目標，而非你的天賦熱忱；以求姻緣為目標，而非真心想體驗愛；以追求名聲為目標，而非活出真實的自己，那麼追隨你的心，甚至心想事成，將會是一連串導向錯誤的路徑。以下舉一個實例。
  對方問：請問我是要選擇有錢的工作（或穩定的公

務員），還是自己有興趣的工作？或是去考研究所繼續念書？

我問：自小至今，你是否有「生存焦慮」，很怕養不活自己？這焦慮木馬來自誰？

答：有的會說是爸爸，有的會說是媽媽。

我：父母正在老、正在失去，他們越來越焦慮是正常的；但你是越長越大，本該要越來越獨立、越來越強大，只要你還戴著生存焦慮的木馬眼罩就看不到天命，還穿著厚重防衛的盔甲就燃不起天賦熱情。重點不在於要選哪一條路，而是你要帶著什麼頻率來選擇？如果是不自信、茫然、焦慮、擔憂的頻率，就像是開著一輛隨時會拋錨冒煙的破車，那麼選哪條路都是錯的；如果是愛、智慧、自信、大無畏行動的頻率，就像開一輛安全舒適、輕鬆駕馭的跑車，那麼選擇哪一條路都不至於出錯。事實是：你可以做你喜歡的事，一樣可以豐盛，但如果你不信任自己有這能力，這就是不自信木馬模組。你若因生存焦慮而選擇你不喜歡但有錢的工作，久了一樣沒有熱情，就算有錢也不會有真正的成就感。就像電影《靈魂急轉彎》

（Soul），爵士樂手桃樂絲只做她喜歡的事也能活得很豐盛，但爵士樂鋼琴手覺得自己無法只靠爵士樂謀生，便花最多時間去做他不喜歡的工作：教書。

所以你要先建好自己的自信地基，重新設定：做自己喜歡的事，會比做自己不喜歡的事帶來更多豐盛。

你可以上網搜尋許多「做自己喜歡的事，收入更豐盛」的範例，就會改變信念模組，進而改變你的命運，這會為你省下「去做自己不喜歡的工作」的精力和時間，又能因為你將極大的熱情投注在做自己喜歡的事，於是你會比其他沒熱情的人更有動力與成就感。記得這十六字箴言：**活得開心，由你定義；創造什麼，你說了算！**

4. 如果**沒有畫耳朵**，檢查一下自己「**最不想聽到誰**」的聲音／嘮叨？

　　→**改畫改設定**：把耳朵畫進去，讓自己勇於傾聽。

5.如果**沒有畫嘴巴**，檢查一下自
己是否有「不敢表達、不敢說
出真話」的木馬。

→**改畫改設定**：把嘴巴畫進去，
讓自己勇於說出想說的話。

• **小結**：以上自畫像缺失的部
分，可以在第二次「改畫」時補畫上去。多
畫幾次，算是在腦中練習補強自己的弱項。

（2）觀察「自己」在整張紙占的比例

1.有人把自己**畫得極小**，通常是
對自己比較沒自信。

→**改畫改設定**：拿出一張全新
的白紙，把自己畫滿整張
紙，來練習放大自信心。

2.有人把自己**畫得極大**（如下頁第一張圖），大到只
能將上半身畫進紙裡，下半身就沒地方畫了，表
示這個人可能「空想」多於「實際落地執行」，
或是其「自我」經常大到沒有別人的空間。

原生家庭木馬快篩

→**改畫改設定**：拿出一張
全新的白紙，把自己和
別人畫進整張紙裡，來
練習在框架中讓自己的
身、手、腳完整，練習
知行合一，並且能與別
人共存共榮。

（3）觀察筆觸力道深淺

1.有人**筆觸很輕**，表示可能對
自己還有很多**不確定**，害怕
行動。

→**改畫改設定**：拿一枝深色
的筆，照原來的畫痕再
用力畫一遍，來增強自
信與力量。

2.有人**筆觸極重**，表示可能還
有很多**憤怒、怨氣**未清，或
是活得太用力，沒給自己或
身邊的人留餘地。

→**改畫改設定**：重新拿一張白紙，然後播放一首輕柔的、有流水聲的大自然音樂，在這樣的音樂氛圍中，重繪一幅「**溫和平靜**」版的自畫像來更改設定。

3. 有人線條畫得很**瑣碎繁雜**，表示可能經常**左思右想、憂慮過多**，易受到別人影響，無法果決行動。

→**改畫改設定**：重新拿一張白紙，以最簡潔的線條重畫自畫像。不用重複的筆觸描圖，來讓自己的設定變得簡單而不瑣碎。

（4）觀察「哪裡怪怪的」

自己身在其中，通常看不出來整張自畫像哪裡怪怪的，可以把圖交給別人，請對方指出怪怪的地方。例如：

1. 有人畫的是**側臉**，或是**背對**

著人，可能是想**隱藏**部分的自己，不想被人看到。

→**改畫改設定**：重新拿一張白紙，勇敢地畫出自己的正面，並觀察內心有哪些恐懼浮現出來。

2. 有人把**頭髮**一根一根地畫得很**精細**，也畫很久，表示可能非常在意**別人對自己外貌**的看法。

→**改畫改設定**：重新拿一張白紙，以最**簡潔**的線條重畫自畫像的頭髮及其他部分，不用重複的筆觸描圖，來回歸簡單的自己。

3. 有的人自畫像**頭極大、腳極小，比例失衡**，表示可能想得多、做得少。

→**改畫改設定**：重新拿一張白紙，以正常比例重繪自畫像，來重新校準、恢復平衡。

- **特例**：右邊這張畫很特別，我一看到後就先問班上同學：「你們覺得畫這張自畫像的同學是什麼狀態？」有人說「樂觀」，也有人說「開心、快樂、充滿夢想」。接著，我請畫這張圖的同學上臺，問她：「請問

  妳是否發生過什麼讓妳感到**驚嚇**的事件？」她很**驚訝**地說：「有耶，小時候我曾經被狗追，嚇得躲進一個地下凹洞中，狗就在洞口對我狂吠。但更令我驚嚇的是，本來在我身邊的媽媽居然跑得更快，一下子就衝到了半山坡上，完全把我拋下，忘在後面……」我告訴她：「不要覺得媽媽拋下妳是不愛妳，她可能比妳還怕狗，所以本能地就往前衝。」

→ **改畫改設定**：重新拿一張白紙，把媽媽、狗和自己繪進一幅「讓自己感覺舒服」的畫裡，把「驚嚇」的印記重新設定成「歡樂版」，讓自己以後想起這件事，不再是「驚恐」，而是好玩有趣。

（5）觀察身上或手上有什麼

1. 如果自畫像有畫**珠寶**、**首飾**等等，檢查一下是否很在意別人對自己外貌、身材和形象的看法。

   →**改畫改設定**：拿橡皮擦或修正帶把珠寶、首飾塗掉，觀察一下自己浮出來的負向感覺是什麼？這些就是之前未覺察到的木馬。

2. 如果畫了一顆**愛心**，檢查一下自己是否還在追求愛、渴求愛？想一下：我們真的需要別人完整的愛嗎？還是需要完整地愛自己？

   →**改畫改設定**：重新拿一張白紙，然後播放一首讓自己覺得有愛的溫暖音樂，帶著滿滿的愛來重繪自畫像，看看「有愛」版的自己有什麼不同。

3. 如果畫了**書**，檢查一下自己是否想要以**知識**來讓自己看起來更強、更好？這底下是否藏有**焦慮落後**的木馬？

　→**改畫改設定**：拿橡皮擦或修正帶把書塗掉，觀察一下自己浮出來的負向感覺是什麼？這些就是之前未覺察到的木馬。

4. 如果畫了**高跟鞋**，檢查一下自己潛意識是否想要在別人面前表現出性感魅力來吸引伴侶。

　→**改畫改設定**：拿橡皮擦或修正帶把**高跟鞋**塗掉，觀察一下自己浮出來的負向感覺是什麼？這些就是之前未覺察到的木馬。

5. 如果畫了**裙子**，但只畫出裙框線條，裙子裡的腿形仍然可見，想一下，在「性」「隱私」「私密部

原生家庭木馬快篩

位」「親密關係」等方面，是否有過創傷經驗？

→**改畫改設定**：重新拿一張白紙，然後播放一首讓自己覺得安心的療癒音樂，以放心、信任的感覺重繪自畫像，看看「已完成療癒」版的自己有什麼不同。

直覺畫主題三：一葉之揪

1. 如果只畫一片葉子，可能在人際關係上有不喜歡社交的傾向。

   →**改畫改設定**：繼續把其他葉子畫進這張畫裡，觀察一下自己浮出來的負向感覺是什麼？這些就是之前未覺察到的木馬。

2. 如果畫了**好幾片葉子在同一棵樹內**（如下頁第一張圖），表示可能有被許多人干擾的問題。

→**改畫改設定**：拿橡皮擦或修正帶把**其他葉子**塗掉，只**留一片**代表自己的葉子，觀察一下改畫時浮出來的負向感覺是什麼？同時也回看一下，那些被擦掉的葉子分別代表哪些人？來檢查一下自己可能被哪些人影響或干擾？這些就是之前未覺察到的木馬。

3. 如果是畫出**銳利角**的葉邊，每一個葉子銳角，可能都代表一個尚未完全療癒的重大創傷。

→**改畫改設定**：播放一首讓自己感覺放鬆的療癒音樂，然後用另一枝顏色更深的暖色筆，或是以橡皮擦或修正帶，將葉子的銳利角修成圓角，觀察一下改畫時自己浮出來的感覺是什麼？看看「正在療癒」版的自己有什麼不同。

4. 如果**畫出許多枝葉**，可能正在**同時**執行很多項目，有分身乏術的疲累感。

→**改畫改設定**：拿橡皮擦或修正帶把**其他葉子**塗掉，只**留一片代表主要項目**的葉子，然後將這片葉子畫得更精細些，觀察一下改畫時浮出來的感覺是什麼？讓自己練習專心把一件事做好的狀態。

5. 如果畫出**一段一段**的對稱葉，可以算算數量，檢查一下是否為人生幾個重要階段。

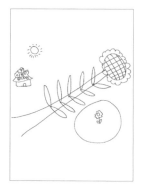

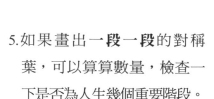

　　上面這張圖改繪自我在上海巡講時學生陽光小月的現場畫。在課後心得中，她寫了以下這段話：「欣頻老師讓我們在紙上畫一幅畫。我先是以線條為花枝在右下方畫了一棵向日葵，再畫了一條通向遠方的路，路的下方是湖，上方是開了鮮花的小屋，陽光下我在湖邊

冥想。我舉手問欣頻老師，我的畫代表什麼意思？老師走下講臺，在不知道我任何資訊的情況下，直接拿起我畫的線圖看了一眼就說：『向日葵花枝上有五對綠葉，是不是代表妳人生的五個重要階段？』當下我算了算，哇！果然剛好是我在職場道路上經歷的五家公司。我驚嘆老師一語點破的智慧，還有潛意識的神奇！」

→**深度研究**：回想一下，自己在這幾個階段有哪些重大事件？這些事件有哪些至今還對自己有正向或負向影響？整理出來後，就可以好好梳理自己。

直覺畫主題四：窗與自己

1. 如果把自己畫在**窗裡看著窗外**，表示目前處於身心或生活**受限**的狀態。

   →**改畫**：把自己畫到窗外去，讓自己出框，突破界線。

2. 如果把自己畫在**窗外**，表示正在向外無目的、無方向地探索或摸索。

   →**改畫**：把自己**畫到屋裡**，透過窗看出去，來練習聚焦。

3. 如果把自己畫在**半空中**，代表很有創意，但經常選擇隔岸觀，不願涉世太深。

→改畫：可以畫一張自己在**窗內**、另一張在**窗
　　　　外**，觀察自己有怎樣不同的感覺與視角。

直覺畫主題五：家配置圖

　　可以任找一張空間圖來畫，透過分析自己對家的立
體空間配置，來了解自己的潛意識。

（1）三層樓別墅空間立體配置圖

　　二〇一九年巡講時，我給了現場每個同學一張「三
層樓別墅空間」立體配置圖（見下圖）：

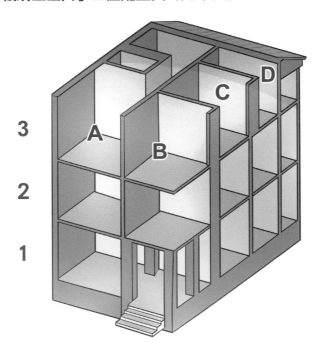

此圖只有隔牆，每個房間都是空的，讓同學們可以針對空間的安排自由發揮，來呈現自己也沒察覺的潛意識。你也可以在這張圖上做空間安排，然後再看以下的解析。

解析的方向有兩個（但不限於這兩個，其他分析細節須依繪者的圖而定）：

1. 你把誰推到離你比較遠的房間？

我看到有同學把婆婆房間安排在一樓靠大門邊，我問她：「妳為何想把婆婆的房間放在大門邊，而妳與老公的房間放在三樓？」她說，因為婆婆行動不便，所以想安排在離大門比較近的地方。

我問：「妳跟婆婆處得好嗎？」她說：「不怎麼好，經常吵架⋯⋯」我說：「是的，從這張配置圖一眼就能看出，妳潛意識想把她推出家門⋯⋯」她有點不好意思地點點頭，說：「是的！好準！」

2. 你的房間在哪一層？

我問現場同學：「你自己的房間是在頂樓、中間樓層，還是最靠地面層？」初步統計下來：

- **頂樓**：把自己房間畫在頂樓者，是比較想要自由，或是目前工作或生活型態比較自由不受限的

一群。

- **中間層**：把自己的房間畫在中間層者，現實生活中多半處於被雙方「夾擊」的狀態，可能是工作與家庭生活蠟燭兩頭燒，或是夾在家裡或工作上兩個成員的紛爭不合之間。

- **一樓／地面層**：如果在一樓，有些是目前受到較大的限制，特別是金錢方面，所以還不敢大膽夢想與冒險。

（2）平面空間大小配置圖

可以透過分析對家的平面空間配置，來了解自己的潛意識。

二〇一九年巡講時，我給了現場每個同學一張「**平面空間大小配置圖**」（見下頁圖），但只有隔牆，每個房間都是空的，讓同學們可以針對空間的安排自由發揮，來呈現自己也沒察覺到的潛意識。你也可以在這張圖上做空間安排，再看以下的解析：

1.**依房間大小，來看心目中的優先順序**

從你分別把最大、最小的房間給誰，或是留著做什麼，就可以知道你心目中家人和各項事物的優先順序。

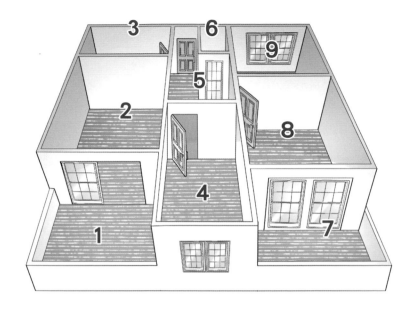

例如，有同學把6號房間給媽媽，把2號房做為自己的主臥室，8號房給自己當書房工作室，9號房做為廚房，3號房做為健身房，就可以知道這個同學在生活中的優先順序是：

自己→事業→飲食／享樂→健康→家人

至於他的「理性邏輯理由」，例如「媽媽行動不方便需要靠近門口」，就只要當做參考就好。等到過了一段時間，等他都忘了這件事之後，可以再找一張靠近門口房間特大的平面圖讓他重新安

原生家庭木馬快篩

排，就能辨別他的「理性邏輯理由」是否為真。

2. 從離陽臺最近的兩個房間用途，來看生活中哪些方面想要脫困

舉例來說，如果把2號房當做夫妻主臥，3號房做為工作辦公室，可以檢查一下在夫妻關係和工作上，是否有讓自己喘不過氣的壓力或困擾？

以上就是各種「**繞過表意識，直接揪出潛意識或無意識設定的直覺畫**」之木馬現形記。如果你因此抓到了木馬，記得一鍵破除，不要讓這木馬繼續困擾你的未來。

「潛意識X光片／斷層掃描法」之木馬現形記

我近幾年教課時必帶下面這個環節：以**低沉哀傷、自然寧靜、澎湃激昂**三個版本的音樂，讓學生戴上眼罩邊聽邊盲寫，透過內在視覺，看到什麼或感覺到什麼就寫什麼，然後再從這三段音樂寫出來的**關鍵詞或畫面**，分析他／她的**生命劇本設定**：

- **第一張**：低沉哀傷音樂下寫出來的關鍵詞或關鍵畫面，能夠呈現出原生家庭負向印記所造成的最黑暗創傷記憶。

- **第二張**：自然寧靜音樂下寫出來的關鍵詞或關鍵畫面，能夠呈現「如何出困」的方法與轉折點。

- **第三張**：澎湃激昂音樂下寫出來的關鍵詞或關鍵畫面，能呈現「出困後」的狀態／願景。

以上我稱為「三張潛意識X光片」，你也可以自己

去找三首曲子來練習。如果時間夠長，有時我會準備七首有層次、依據霍金斯情緒能量表從頻率最低到最高的音樂，這樣就可以精密地、宛如**斷層掃描**般掃出潛意識，甚至無意識層的木馬模組印記，我稱之為「**潛意識斷層掃描法**」。（注：「三張潛意識X光片」語音導引，已收錄進《人生終極方程式RAM》線上課。「潛意識斷層掃描」語音導引，已收錄進《音樂調頻師資班》線上課。報名詳情可以電郵洽詢：m13811465077@163.com，副本：skywalker2020@qq.com）

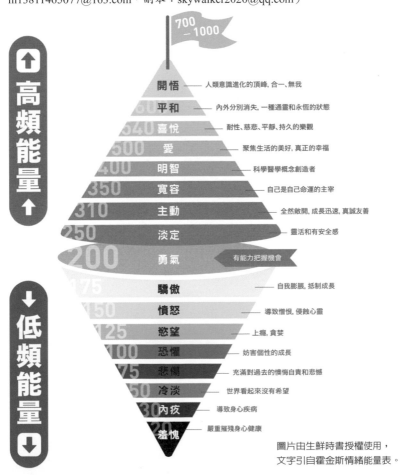

分數	層級	說明
700–1000	開悟	人類意識進化的頂峰, 合一、無我
600	平和	內外分別消失, 一種通靈和永恆的狀態
540	喜悅	耐性、慈悲、平靜、持久的樂觀
500	愛	聚焦生活的美好, 真正的幸福
400	明智	科學醫學概念創造者
350	寬容	自己是自己命運的主宰
310	主動	全然敞開, 成長迅速, 真誠友善
250	淡定	靈活和有安全感
200	勇氣	有能力把握機會
175	驕傲	自我膨脹, 抵制成長
150	憤怒	導致憎恨, 侵蝕心靈
125	慾望	上癮, 貪婪
100	恐懼	妨害個性的成長
75	悲傷	充滿對過去的懷悔自責和悲憾
50	冷淡	世界看起來沒有希望
30	內疚	導致身心疾病
20	羞愧	嚴重摧殘身心健康

↑ 高頻能量 ↑
↓ 低頻能量 ↓

圖片由生鮮時書授權使用，
文字引自霍金斯情緒能量表。

等到全部盲寫完、打開眼罩後，就可以拿紅筆把**關鍵字／代表詞**圈出來，這樣就能串出一個方程式。

「潛意識Ｘ光片」破解法步驟解析

範例一

幾年前一次線下課的課堂上，我以三首曲子做為「**潛意識Ｘ光片**」，讓同學們當場盲寫。三段冥想結束後，我請自願示範的同學帶著她的盲寫單上臺，她一邊念，我一邊速記關鍵字，整理如下：

第一張	第二張	第三張
恐懼	生命	太空
折磨自己	太陽	回憶
害怕	正能量	草原
爭取	年輕	勝利
突破	高大	火燄
溝通	飛翔	夜晚
和解	天空	

大家可以練習一下，從以上這三張X光片的內容，你覺得哪個字是**負向的核心木馬關鍵字**：＿＿＿＿＿＿

寫好之後，可以往下參看我的解析。但我要聲明，這不是標準答案，而是我解讀的路徑流程圖，做為大家解析自己「三張X光片」的方法。

解析如下：

我從她第一張X光片中找出負向關鍵詞，以紅筆圈出：<u>恐懼</u>

- **第一張（原生家庭印記）**：恐懼·折磨自己·害怕·爭取·突破·溝通·和解
- **第二張（目前她脫困的方法）**：生命·太陽·正能量·年輕·高大·飛翔·天空
- **第三張（她未來想要到達的心願狀態）**：太空·回憶·草原·勝利·火燄·夜晚

我問她的第一個問題是：「小時候發生過什麼讓妳非常**害怕**的事？」

她回答：「小時候有個陌生叔叔拿糖果給我吃，我很開心地拿來吃。結果爸爸知道了，就痛打我一頓，非常生氣地說：不可以隨便拿陌生人給的食物！」

接下來，我再從這三張Ｘ光片中找出第二組關鍵字：<u>爭取</u>＋<u>勝利</u>

- **第一張（原生家庭印記）**：恐懼·折磨自己·害怕·爭取·突破·溝通·和解
- **第二張（目前她脫困的方法）**：生命·太陽·正能量·年輕·高大·飛翔·天空
- **第三張（她未來想要到達的心願狀態）**：太空·回憶·草原·勝利·火燄·夜晚

我問她的第二個問題是：「妳結婚了嗎？」

她說：「是。」

我問：「妳有正在跟誰爭奪什麼嗎？妳的先生？」（從關鍵字<u>爭取</u>＋<u>勝利</u>看出來的）

她說：「正在跟先生打離婚官司，爭取孩子撫養權。」

我問：「是家暴問題？」（從她前面自述「小時候被爸爸打」的事推論而來）

她說：「是，他經常打孩子，打得全身是傷……咦？老師妳怎麼知道？」

我說：「如果原生家庭負向木馬印記不解除，『被家暴』的課題有很大的機率會延續下去。」

這三張X光片顯現的關鍵字，其實就是潛意識裡的**過去、現在**，以及**即將投射出的未來**。簡單歸納出方程式如下：

問題：
小時候被父親痛打／恐懼→現在的家庭繼承同款**負向劇本**：先生打孩子

從三張X光片中圈出**解方**：
溝通和解＋到草地上仰望天空、多曬太陽
- **第一張（原生家庭印記）**：恐懼‧折磨自己‧害怕‧爭取‧突破‧溝通‧和解
- **第二張（目前她脫困的方法）**：生命‧太陽‧正能量‧年輕‧高大‧飛翔‧天空
- **第三張（她未來想要到達的心願狀態）**：太空‧回憶‧草原‧勝利‧火燄‧夜晚

也能一眼看出她**對未來的憧憬**是：
成功爭取撫養權（勝利）＋所有苦難都過去了只剩回憶＋晚上望向天空看煙火

- **第一張（原生家庭印記）**：恐懼・折磨自己・害怕・爭取・突破・溝通・和解
- **第二張（目前她脫困的方法）**：生命・太陽・正能量・年輕・高大・飛翔・天空
- **第三張（她未來想要到達的心願狀態）**：太空・回憶・草原・勝利・煙火・夜晚

範例二

有一次，有個朋友聽完我講的「三張潛意識X光片」後，問我：「我不知道怎麼分析自己的三張X光片，妳能幫我解嗎？」

我說：「你能從自己的三張X光片**各選一個關鍵詞**念給我聽嗎？」

他說：「**原始人、天使、很多天使**⋯⋯我不知道這代表什麼意思？」

我問：「你有伴侶了嗎？」

他說：「是！」

我問：「你外面有其他情人吧？」

他很驚訝地說：「對⋯⋯妳怎麼知道的？」

我答：「原始人代表你，天使代表你在外面的情人。」

他點頭後，馬上緊接著問：「那『很多天使』代表什麼？」

我答：<u>「代表目前這一位情人還不能滿足你，你想要有『很多情人』……」</u>

他笑著點頭說：「真的很準，連只有我才知道的心中祕密，三張X片一下就曝光了……」

　　以上畫紅線的**三句話／三步驟**就點破了他的主要課題，核心木馬是「對愛的匱乏感」讓他不斷向外索求，如果不從源頭處理，就算在外面找多少位「情人」都沒法根本解決，他需要去破解來自原生家庭「對愛感到不滿足」的負向印記，可參看之前我示範過的許多方法。

第五章

人類原生家庭木馬程式
匯集共演版

第五章之一

透過觀看影視作品讓木馬現形

　　我們可以透過比較大規模的電影或影集，看到人類各類型「原生家庭木馬」匯集在一起共演的狀況，特別是「末日或災難」主題的電影，例如《駭客任務》（*The Matrix*）、《彗星撞地球》（*Deep Impact*）、《2012》、《千萬別抬頭》（*Don't Look Up*）、《芬奇的旅程》（*Finch*）等等。

　　我們可以從這些影視作品中人們集體面臨「緊急生死關卡」時出現的強烈反應，一次看清各種原生家庭木馬的致命盲點、荒謬行為，與瞬間破解後恢復原廠設定的狀態。比方有人在「大難來臨時」放開矜持與制約，說出真話，活出真實無畏的自己；有人則是暴力掠奪破壞，把自己壓抑多年的怨氣無差別地到處發洩，進行「木馬屠城記」；還有人會趕回家向親人道歉，坦誠說出遺憾與愛——「人之將死」把大家逼回真實，這就是木馬速現、速化記。而我們也可以透過觀看這類電影或影集的眾生貌，來覺察自己會有什麼樣的反應，進而讓深藏的木馬強烈現出原形。

當我們看完上述這類型電影之後，其實可以歸納出這段**人類生命的共同方針**：

　　不要把名聲看得比愛重要

　　不要把尊嚴看得比愛重要

　　不要把金錢看得比愛重要

　　不要把美麗看得比命重要

　　不要把責任看得比命重要

　　不要把成就看得比命重要

　　從今天起，請以**真、善、美、愛**在靈魂雲端重新設定，同步更新頻率定位、重新導航、重啟人生旅程。只要想辦法把日子過好到捨不得死，但隨時都能死而無憾，或許我們就能重新找到活著的意義。

第六章

人生終極方程式RAM

第六章之一

何謂「人生終極方程式RAM」？

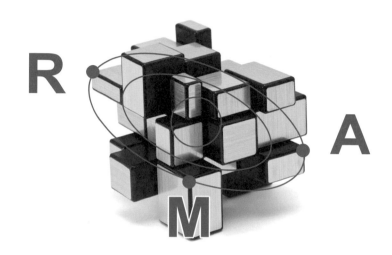

　　已故NBA球星柯比‧布萊恩說：「**創意往往來自結構。有了參數和結構，你就能從中發揮創意；少了結構，你就只會漫無目的做事。**」結構尺度越大就越接近無限，資源視野範圍也就越廣大，人生就更能開展到無限向度。

　　二〇二一年五月，我看到日本企業家稻盛和夫的方程式：

成功＝能力（0～100）**Ｘ 努力**（0～100）**Ｘ 態度**（-100～100）

　　我就問自己，如果我也以過去的經驗與觀察，來寫一組**人生方程式**，那會是什麼？人生到底有沒有所謂的「終極方程式」？

　　於是我在二〇二一年六月閉關時，寫出了三個關鍵詞：**重置**（Reset）、**聚焦**（Focus）、**行動**（Action）。後來我把**聚焦**修正成**瞄準**（Aim），會比**聚焦**有更精準的定焦力；把**行動**加上帶著**大愛頻率**的**使命**（Mission），於是**人生終極方程式RAM**就成形了，如下：

從種子到量子跳躍・從升維到翻轉命運・未來人生魔方破解法

R：Reset（Completely reborn）→ 0（清零）

A：Aim（Precise focus）→ ∞（無限遠的源始點）

M：Mission（Action ＋ Love frequency 大愛頻率）→ Now（當下）

如果簡化成中文關鍵字：

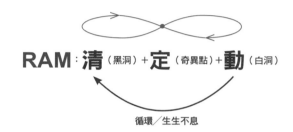

RAM：**清**（黑洞）＋**定**（奇異點）＋**動**（白洞）

循環／生生不息

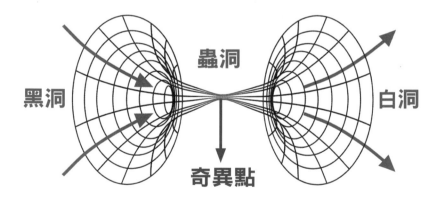

也就是說，如果沒清、沒定，越動就越混亂。

我把這組人生終極方程式簡稱為**RAM**，與隨機存取記憶體**RAM**（注：Random Access Memory，與CPU

直接交換資料的記憶體，可以隨時讀寫，速度很快，通常做為作業系統，或其他正在執行中的程式的臨時資料儲存媒介）同音比較好記。也可以理解為：我們依不同頻率的生命版本而配備的**隨機存取記憶體**，可以隨時升級更新。

等到我二〇二二年一月中開始寫這本書時，才意外發現**RAM**也出現在〈奇蹟真言〉（Miracle Mantra）唱誦者Guru **Ram** Das的名字裡：**Ram**代表**無限造物主的形體化身**，而〈奇蹟真言〉「Guru Guru Wahe Guru, Guru **Ram** Das Guru」全文的意義也很神聖，非常符合**人生終極方程式**RAM的最高精神：

Gu是黑暗，Ru是光明，Guru就是帶我們重見光明的上師，
是宇宙中無限的智慧。
在這真言中出現五次Guru，
第一個Guru，是自己的靈魂、自己的智慧；
第二個Guru，擴展自我認知到人際關係、經驗和一切活動裡；
Wahe Guru是終極、無限的智慧，遠超過個人知識的範疇；
第四個Guru將那廣闊無垠的智慧帶回身體；
Ram是無限造物主的形體化身；
Das是神性注入世間時的那股能量流；

最後一個Guru圓滿了智慧，並指引你的每一步。

這整個真言的循環之意：可以「把你帶往無限再帶回來」。

（注：引自 http://heartplacevision.blogspot.com/）

　　接下來，我就分別針對**人生終極方程式**的R、A、M做進一步的詮釋。

R：Reset（Completely reborn）→清0 拋棄繼承原生家庭的負向印記 ／重置、重生

腦神經科學家何權峰說過：「物理學的共振率：你發出一個思想波，於是所有跟你有同樣念頭、波長相同的人事物會找上你，你會轉到什麼頻道，就會看到或聽到怎樣的節目；我們才是外在事物／世界的起因，外在世界只是我們內心的縮影，只是一面鏡子。所以在同一個時間點上，我們送出什麼振波就會回收什麼振波，任何跟我們同頻率的振波都會產生共振共鳴，都會引到我們身上」。

想像人生就是**多維度鏡次元**：當你進到了鏡宮，身心所有一切全都被映照出來，而且被多角度、無死角地在周圍以各種人事物反映給你看到自己的全貌，包括潛意識、無意識的自己。這個所謂的**鏡考驗**特別會呈現在家庭關係、伴侶關係和同事關係上，原來存在的問題會被放大，所以要想辦法**大膽直視**、面對這些陳年問題，

然後動手解除。解除的方法不是去改變別人,而是改變自己,改變你對他們的看法、改變你對眼前不開心的事的看法,並學會拔高維度去洞悉、看透:在這些爭端背後,對方到底需要的是什麼?他們在跟你要什麼?在擔心什麼?害怕什麼?

　　等你頓悟了對方真正需要什麼時,就會有方法去化解彼此的對立關係。簡單洩題給大家:鏡相考場的通關密碼就是「反思」+「感恩」,可別小看這四個字,這四個字(兩組詞)就是代表脫困的頻率力量,因為「反思」代表你願意**停止「重複且機械性的反應與動作」**,去思考自己還要這樣繼續下去嗎?還有沒有別的可能性?這也代表你拿回了自主意識(而非機械性反應),拿回了主導權,於是你從**反思**這個點上,瞬間回到了你生命的駕駛艙,這就是你頻率的第一階段拔升。

　　「**感恩**」是第二階段的拔升,因為當你在感恩頻率時,代表對於過去與當下,你已經轉換到更高的視野,把自己拉出困境,換一種「喜悅與信任豐盛的頻率」來面對未來,到達很棒的境界——雖然現實生活中還沒到那境界,但頻率先行調到感恩帶上,你就會瞬間看到「原來一**切都是這麼好**」的領悟、學習與安排。

　　所以簡單告訴大家,接下來無論發生什麼讓你超級

不高興、沮喪、憤怒、悲傷的事，都必須**「想盡各種辦法」去「反思＋感恩」，反思：這件事到底要我學到什麼？並且試著練習「從未來的角度」感謝現在的困境，**這樣你就能停止並跳出重蹈覆轍生命困境之輪迴，以全新的反應、角度、視野（而非舊頻率、舊情緒）來過你真正自主選擇的生活。

於是，有的人會突然發現：已經老死不相往來的家人突然破冰，討厭的人瞬間變成莫逆之交，翻臉的閨密奇蹟式地和解，本來恨意已深的前任居然成為另類的家人，殺紅了眼的商場敵手突然變成合作夥伴，把「同行相忌，錯把貴人當仇人」的降維狀態，升維成「同行相繫，將仇人轉化為貴人」。所以只要**反思＋感恩**，就能從**恨、冷漠、恐懼、不信任**突然奇蹟般地變頻，往**愛、信任、喜悅、幸福、自由、勇氣、豐盛**的方向翻轉版本。

以上就是我們在前面提到的「三步驟破解原生家庭負向印記」，如果落實到每一天，則是**想跟誰道歉和解、想跟誰感謝感恩，現在就去說、去做，了無牽掛，不留遺憾。**但如何將負向印記清理到0，則需要高度覺察，因為在變動比較大的此時此刻，每一念就換一幕，每一幕就換一版本——所以每當出現一個想法，特別是面對問題時浮起的負向念頭，就先問問自己：怎麼會瞬

間掉進這個版本？只要往前回溯自己被植入什麼印記、動過什麼念頭，就能找到無法推諉給別人的緣由。清理完後，若又出現**下一個念頭**時，再檢查一下是否還存有原生家庭負向木馬印記？這個念頭是「舊版的自己」，還是清理乾淨的「新版自己」？確定是「新版自己」之後，才繼續思考、決定、行動。

我曾在《人生終極方程式RAM》的線下、線上課帶領過「清空原生家庭負向印記的冥想」，大家也可以用來做為帶領自己的參考。

你可以想像自己現在躺在床上，回顧一下自己的前半生，或許有很多創傷記憶，無論是受挫的或是被傷害⋯⋯但這些都過去了。放掉這些。你要先謝謝它們帶給你這些體驗，讓你擁有了許多意想不到的智慧禮物，比方讓你對有相同經驗的人有了更深的同理心；比方，讓你知道**自信**跟**愛自己**是如此重要，讓你知道很多人目前也正面臨不愉快的自我黑暗面，但你已經有能力成為他們的光⋯⋯

謝謝過去這些經驗，但我們不用再抓著這些舊模組負向印記不放，重蹈覆轍地繼續創造新創傷來影響我們的未來。我們也不需要繼續抱著傷痛來證明自己存在，

更不用透過疾病或意外事件來吸引身邊的人關心，持續跟他們索求同情、憐憫、關愛。我們決定不讓這些木馬浪費我們的人生。

我們現在決定把所有過去的創傷經驗，無論是來自原生家庭的父親、母親、親戚、老師、同學、朋友、伴侶、同事……把這些負向模組全部打包，然後想像用一把火把這些印記都燒掉，我們不再需要它們繼續創造我們未來的人生，全部送走。

從現在開始，我們是全新的版本，我們有高度的覺知智慧，還有百分之百自主力量拿回自己的權利與責任。正因為我們是全新的版本，有全新的意識、全新的決定，從現在開始的每一個念頭都是創新的，每一個行為、每句話語都帶著自信與勇氣，每一分每一秒都鎖定在健康的頻率，因為我們決定過百分之百身心健康的生活。這是很容易的，只要我們決定就可以。

恭喜你，所有舊版都已經完全融化了，新版的自己終於誕生出來。

試想一下，如果你將此時此刻的自己視為「人生的總導演」，你打算怎麼過人生下半場的新生活？現在該怎麼行動？

第六章之三

A：聚焦在無限遠的版圖與頻率
＋
M：天命級大愛頻率的行動

　　有瀉就有補——如果清完舊印記、舊軌跡，卻沒有同時建立新的路徑、新的腦神經連結取而代之，很快就會回到舊的反應模組。就像電影《駭客任務：復活》

（*The Matrix Resurrections*）有一句經典臺詞：你怎麼用舊程式碼改寫新版本？結果錯得更離譜。

所以我們必須先把視點**從眼前狹隘的框架中移出**，以最大的決心**重新精準聚焦在最無限遠的源始點**上，也可以視為聚焦在無限遠的未來；然後再從這個**未來點**往回看現在，就像**果因論**的概念，也像是電影《天能》（*Tenet*）旋轉門裡走出**未來版自己**的「逆熵」態，與**現在版的自己**一起同行的「鉗形時間」態：

A：Aim（Precise focus）→ ∞（無限遠的源始點）

並將自己最大、而且是與地球共好的願景規模定焦好，當下每一刻都攜帶著大愛頻率，與周圍每個人一起開展天命級的使命版圖：

M：Mission（Action + Love frequency 大愛頻率）→ Now（當下）

只要校準量子天命的頻率，創造起來就毫不費力，藍圖越大反而越輕鬆，祕訣就在「同步性」：每一個人「同時」拿出手中已有的拼圖，整張藍圖就能瞬間完成。你可以選氣勢磅礡的史詩級音樂當背景，花點時間

寫一段**大願感謝宣言**，像是在聯合國講臺上對全地球人演說那樣的規模。只要定頻了，就像是調過音的琴，怎樣都不大會出錯，這就是成為自己的「造命師」的關鍵方法。以下提供我寫過的Mission版本供大家參考：

版本一：幸福的十二個境界

> 破解原生家庭的封印、自我存在意義的建立
> 愛自己與愛人的能力、環遊世界的自由條件
> 豐盛豐收的精神世界、對接到天命天能頻率
> 自然生態與身心健康、富裕無缺的財務自由
> 創造共好並分享喜悅、隨時隨地滿溢幸福感
> 榮耀自己成就代表作、開悟喜悅超強生命力

版本二：升維到大我頻率的十個指標

1. 個性純真、沒有心機，像個不在乎外在眼光的孩子。

2. 在每一個突來的現況中，如果有抱怨或憤怒等負向情緒，都能以最短時間洞悉情緒與故事劇情背後隱藏的最高生命智慧課題，並且快速轉換自己與對方的負向情緒，能以智慧與耐心去面對。

3. 不會論斷、批判、批評別人，因為他／她能洞悉

別人背後的創傷與苦處。這不僅僅是同理心，而是帶著更高的愛與慈悲頻率，全息地看雙方該學習的課題。

4. 不會做任何損人不利己的事，他／她所有的考量與決定都是以「全局、所有人、全地球生態共好」為最高原則，因為他／她不在乎自己是否能從中獲益，純淨的大願與使命感讓他／她毫無阻礙，所以決策力、心誠事享的顯化力、行動力、創造力、凝聚資源力、執行力、完成力都既快又準。如果有人能做得比他／她好，也會自動退居第二位來協助之。

5. 不會掉進比較或競爭的遊戲模組，喜歡協助或分享給別人，因為他／她的精神、愛、物質都已非常豐沛，自己沒有關於情感、金錢之擔憂匱乏的木馬程式，所以分享是很自然的反應，不會因為擔心自己不夠而吝於付出，但也有足夠的智慧洞悉對方是否有索求的木馬程式，會以愛、慈悲、耐心、最高智慧協助其脫困。他／她也能樂於接受別人的真心給予，大方給予別人「給予」的機會，並回給對方感謝與愛。

6. 能寧靜獨處不怕孤獨，也能歡樂群處不怕衝突，能在保有自己與他人之間找到一種和諧的平衡。

　　　原生家庭木馬快篩

7. 能夠穿越表相、幻相看到本質，悟性極高，學習力、洞察力、直覺力、心電感應力，總能從眾多可能性中一眼看到當下最核心的決策。

8. 不會擔憂醜、老、病、死，他／她有健康的心靈意識與飲食生活習慣，所以經常保持快樂幸福的身心狀態。

9. 藝術品味與涵養極高，有極強且多元的創造力，喜歡待在大自然的生活與環境。

10. 對於地球或宇宙的好奇心與探索的興趣，遠遠高於對別人私領域八卦的興趣。對於地球生態、動植物、每個在周圍的人，他／她自動自願地成為保護者。

版本三：給每一位來地球的使者，請你們記得⋯⋯

1. 可以體驗、可以玩，但別掉入人間戲碼，深到不自知，請永遠保持宇宙級的高度覺知與清醒。

2. 永遠記得，面對所有的選擇，一定是選擇愛，而非恐懼。

3. 學會辨認頭腦幻相與內心的聲音。

4. 你們不是暫住地球的旅者過客，地球也是你們的家。無論地球現況如何，你們有責任帶領更多人

重新與大地之母連結，恢復地球原貌原生態。但不要把別人的課題放進你的生命包袱中，做好自己就是最大的光，他們自然會尋光而來，自動離開黑暗。

5. 永遠看向天空，日、月、星辰、雲、天氣，是你永遠不會被遮蔽的最高指引。

6. 你有非常強的直覺靈感，無條件、無上限地支持你的使命。有無窮無盡的資源供你運用，不要窄化自己，阻礙了流動。

7. 你永遠且時時刻刻都會收到啟示，請留意聆聽與察看。孤獨是心關閉時的幻覺，廣大無邊無條件的神聖之愛才是實相。

8. 地球之心宛如一顆清澈的巨大水晶，所有維度都會在這裡進行折射與反射，猶如萬花鏡般全息投影，你心在什麼狀態，外面就會投影出什麼實況。如果有你不想要的外相引發你的負向情緒，請立即調整你的心頻率，並搜清木馬程式，恢復清澈的初始設定。

9. 你與所有的神聖都是一體的，你隨時可選擇以任何一種形式為你現在的頻道，也可以選擇自己獨創的頻道。

10. 帶著最高的幽默感、好奇心、如孩子般的開心，
　　來過你今天不凡的一天。

　　透過**人生終極方程式RAM**，三步驟快速升維到全
息全我的視角，在高空不動點上全觀流變，越全面就越
不會產生bug的誤區死角，因為全息宇宙中心走到哪裡
都是圓滿路徑；而當你享受過全新的、有創造性的、有
成就感的路徑版本之後，就不會想再走原生家庭負向印
記的回頭路，而且不再輕易逆轉退回原來的生活困局，
如此才能回歸校準，隨時更新自己生命的GPS導航系
統。於是每天醒來最重要的任務，就是發現並快樂地創
造在地球全新一天的美好，幸福變得很簡單！
　　建議你可以把自己對全世界的大願宣言寫出來，這
就是屬於你自己的「人生終極方程式」！

達利畫作〈和諧的球〉（The Harmony of the Spheres）
攝於「瘋癲．夢境．神曲—天才達利展」

將幽暗陰影變成光明祝福

以前我們都以為「過去影響現在，現在影響未來」，但如果是升維的角度，則可以是「**現在影響過去，未來影響現在**」，也就是從**三步驟清完原生家庭負向木馬印記**後的「**現在**」回看「**過去**」自己的原生家庭，包括過去經歷的痛苦生命史，就自然而然會以**感恩**替換掉**怨憤**，以**大家共好的願景**決定**現在**的所思、所言、所行，允許全新的未來訊息到當下被我們看見，不再被木馬屏障，自然而然就能聚焦並順流在我們想要的版本上。

我很喜歡達利的一幅畫〈和諧的球〉：當我們眼睛盯著畫中藍黑色的球，看久一點之後，把視線移到旁邊的白牆，眼前深黑色的球，就會全都變成金黃色的球——這就是利用殘像原理產生的互補色效果，而這給了我很大的啟示：面對眼前原生家庭的黑色負向印記，如果我們下定決心把眼光移到未來全淨空的純白版圖，那麼這些黑色就會變成金色，從幽暗陰影變成了光明祝福。

再多的理論也都只是紙上談兵，這本《原生家庭

木馬快篩：三步驟解鎖並拋棄繼承家族負向印記》，希望陪著你每日覺知、快篩、轉換、洞見、正念、純淨、關愛、慈悲、利他，願我們每個人一提起自己的原生家庭，都是充滿著幸福與感謝！

 閱讀筆記

本書中觸動你的金句：	你找到自己中了哪些木馬程式？

 閱讀筆記

本書中觸動你的金句：	你找到自己中了哪些木馬程式？

www.booklife.com.tw   reader@mail.eurasian.com.tw

自信人生 175

原生家庭木馬快篩：三步驟解鎖並拋棄繼承家族負向印記

作　　者／李欣頻

發 行 人／簡志忠

出 版 者／方智出版社股份有限公司

地　　址／臺北市南京東路四段50號6樓之1

電　　話／（02）2579-6600・2579-8800・2570-3939

傳　　真／（02）2579-0338・2577-3220・2570-3636

總 編 輯／陳秋月

副總編輯／賴良珠

主　　編／黃淑雲

責任編輯／黃淑雲

校　　對／李欣頻・溫芳蘭・黃淑雲

美術編輯／林雅錚

行銷企畫／陳禹伶・王莉莉

印務統籌／劉鳳剛・高榮祥

監　　印／高榮祥

排　　版／杜易蓉

經 銷 商／叩應股份有限公司

郵撥帳號／18707239

法律顧問／圓神出版事業機構法律顧問　蕭雄淋律師

印　　刷／國碩印前科技股份有限公司

2022年4月　初版

2022年7月　5刷

定價420元　　　　ISBN 978-986-175-660-8

◆ **很喜歡這本書，很想要分享**

圓神書活網線上提供團購優惠，
或洽讀者服務部 02-2579-6600。

◆ **美好生活的提案家，期待為您服務**

圓神書活網 www.Booklife.com.tw
非會員歡迎體驗優惠，會員獨享累計福利！

國家圖書館出版品預行編目資料

原生家庭木馬快篩：三步驟解鎖並拋棄繼承
家族負向印記／李欣頻 著 .-- 初版 .-- 臺北市：
方智出版社股份有限公司，2022.04
272面；14.8×20.8公分 -- （自信人生；175）

ISBN 978-986-175-660-8（平裝）

1. CST：家族治療　2. CST：靈修

178.8　　　　　　　　　　　　11000162